朝日新書
Asahi Shinsho 395

一瞬で正しい判断ができる

インバスケット実践トレーニング

鳥原隆志

朝日新聞出版

はじめに

「私にはインバスケットなんて必要ないです。いまさら……」

私が講師を務めたインバスケット研修で、あるベテラン管理者の受講生の方がおっしゃった言葉です。

しかし、インバスケットを実際にしてみると、鎧がぱらぱら剥がれるように、今まであった自信は音を立てて崩れ落ち、小さくなっていたのです。

一方で、その方の目には「このままではいけない」というような学習欲も浮かんでいました。

私は「インバスケット」という教育ツールを研究しています。日本での第一人者として一定の評価もいただき、現在も全国各地を飛び回り、インバスケットを企業に導入したり、多くのビジネスパーソンの判断力やマネジメント力強化のセミナーをしています。

「インバスケット」とは、架空の立場になりきり、限られた時間内に多くの案件をより高い精度で処理するビジネスゲームです。

このようにインバスケットについて語る私ですが、インバスケットに遭遇したのは7年ほど前の管理職昇格試験が初めてでした。

初めてインバスケットのことを聞いたときは、なにやら判断をする試験だとか、問題を解決する試験だとか聞いて昇格試験対策としてのトレーニングを軽い気持ちで行いました。

「判断なんて毎日やっているし、それなりに評価ももらっているから、いまさら……」

私はそう思ってインバスケットをやってみたのですが、終わった後の自分の回答を見て愕然としました。

限られた時間内とはいうものの、判断をしているようで判断していなかったり、あいまいな指示を出すなど、とても自分のイメージした「できる自分」ではなかったのです。

そこで「なんとかしなければ……」と自分で問題を作ってトレーニングを始めたのが、今のインバスケット研究所の始まりです。

実際にトレーニングを始めると、

・本来するべき仕事の優先順位を付けることができ、時間に余裕が出てきた
・表面的ではなく、本質的な問題を解決できて処理するトラブルなどが減った
・目先のことや自部署のことだけではなく、全体的な立場で俯瞰的に判断できるようになった
・判断の精度が飛躍的に上がり、自分の判断に自信がつくようになった

このような効果を実感しました。
といっても、ほんの少し自分の考え方や行動を変えただけです。
大事なことは、自分の仕事のプロセスや考え方の癖を知り、その癖を直すための行動をとるだけのことです。
そのインバスケットのエッセンスを本書でお伝えできればと思います。

本書の特徴です。

・時間制限はありません

本来のインバスケットは「60分20案件」などの時間制限の中で処理を行いますが、本書は時間制限を設けていません。

好きなときに好きなだけトレーニングできますので、通勤や少し時間があるときにお読みいただけます。

・ケースを個々に解説しています

これも本来のインバスケットは、すべての案件（ケース）が複雑に関係し、全体のストーリーをとらえて処理をするのですが、本書はミニインバスケットとして個々の案件に焦点をあて、伸ばしていただきたい能力別に分けています。

そのため、どの能力を意識しながら案件を処理すればいいか、わかりやすくなっています。

このように、本書は本来のインバスケットのエッセンスを取り入れながら、**好きな時間に好きなだけ学習できる「ミニインバスケット」**として構成されています。

本書でまず学習し、それから他の問題が掲載されているインバスケット本や模擬問題に取り組まれると、さらにビジネス力が上がると思います。

最後に、トレーニングを開始する前に一つ申し上げたいことがあります。

インバスケットには正解がありません。正解があるとするならば、あなたの判断や仕事の進め方の癖を発見し、それを修正した答えが正解です。

ぜひインバスケットという道具を使って、あなた自身のウイークポイントを発見し、修正するきっかけにしてみてください。

著者

一瞬で正しい判断ができる

インバスケット実践トレーニング　目次

B　問題発見力

C　問題分析力

D　創造力

※本書の問題、またストーリー中の固有名詞・人名・企業名などはすべて架空であり、ストーリーの内容もフィクションです。

図版作成　谷口　正孝

第1章　現場で成果を出すインバスケット入門

1-1 インバスケットとは

限られた時間でより成果を出す

「なにか新しい思考法を教えてくれる。そう思って来ました」

これは私が講師を務めるインバスケット研修で、受講生の方に研修に参加した動機を伺った際に返ってきた言葉です。

ひょっとして皆さんの中にも本書を手に取られた際に同じようなことを思われた方がいるのではないでしょうか?

実はインバスケットは目新しいことをお教えするツールではありません。

なぜなら、インバスケットは皆さんがすでにお持ちの能力やスキルのアウトプットを最大化するためのツールだからです。

私は、これまでインバスケット講師として多くのビジネスパーソンや企業と向き合うなかで、多くの方がすでに仕事で成果が出るインプットをされていることに気づきました。ただ、問題なのはそれらが発揮できないことだと考えています。

そのお持ちの能力やスキルをどれくらいアウトプットできるかを測定し、最大のアウトプットを促す、それがインバスケットの本来の姿です。

インバスケットとは、直訳すると「未処理箱」という意味です。まだ手が付けられていない書類などが、入れられている箱のことですが、現代風に置き換えると、未開封のメールがたくさん残ったメールの受信箱のようなイメージでとらえてもらえばわかりやすいと思います。

インバスケットは、そのインバスケットに入った多くの案件を限られた時間で、より精度高く処理するビジネスゲームです。

まとめますと、**インバスケット思考とは、限られた時間でより成果を出すための考え方であり、インバスケットはそのための道具なのです。**

インバスケットは自分の仕事を映す「鏡」

実際のインバスケットでは、架空の会社の役職について60分20案件ほどを渡されて、自分がその役職だったら、どのように判断し、誰に指示を出すのかなどを回答していきます。

時間設定は20案件が十分に処理できる時間を設けていないので、どの案件を先に処理してどの案件を後回しにするのかという優先順位をつけることが求められます。

同じインバスケット問題でも、最初の問題からがむしゃらに取り掛かる方や、やり易いものから始める方、全体を見て重要なものから処理をしていく方など様々です。

案件処理内容も様々です。すべて自分で解決しようとする方、部下にすべてを丸投げする方、表面的な処理をして先送りにする傾向の方などです。

つまり、インバスケットは日ごろの仕事スタイルや、その方が将来リーダーになった時にどのような判断をして行動をするのかを映し出している「鏡」とも言えます。

その鏡に映った自分の仕事の進め方の癖や判断スタイルの癖を直し、限られた時間でより成果の出る判断や行動をできるようにするのがインバスケット思考の狙いです。

ある日、急にリーダーになったら

私は現在、あらゆる業界のリーダー層を中心にインバスケットを使った研修や講演で、マネジメントや仕事の進め方、判断方法などをお教えしています。

インバスケットでは現在部下がいない方にもリーダー職や管理職になった時の模擬体験、たとえば外食チェーンの店舗統括マネジャーなどの役割になりきり、60分間で20案件を処理していただきます。

その回答からご自身の案件処理を振り返り、自分自身がリーダーになった時に何が足りないのかを事前に把握してもらったり、現職のリーダーには自分自身の仕事のスタイルを見つめてもらう目的もあります。

特に今までメンバーだった方がリーダー職に就くということは、転職に相当するものだと思います。私自身も初めてリーダーになった時は、仕事が変わるかのようにスタンスが異なったからです。知名度の高い一流企業でさえ、

「頑張れよ」の声掛けだけでリーダー職に抜擢したり、中にはメンバー時代に功績を上げたなどの理由で、ろくに教育体系も持たないまま、リーダーの仕事に就かせている企業や

団体が多いのに驚きます。

リーダーには必要な能力がいくつかあります。

インバスケットでは、それらの中で次の10の能力を、発揮できているかを測定することができます。

①優先順位設定力
②問題発見力
③問題分析力
④創造力
⑤意思決定力
⑥洞察力
⑦組織活用力
⑧当事者意識
⑨ヒューマンスキル
⑩生産性

いかがでしょうか？　皆さんはこれらの能力を仕事で十分発揮できているでしょうか？

冒頭に申し上げたように、持っているだけではだめです。発揮し活用しているかが大事なのです。

私は今まで4000名を超えるリーダーの教育に携わってきましたが、すべての能力をまんべんなく発揮されている方はほとんどいません。どこかの能力、つまりプロセスに課題がある方が多いのです。

私はインバスケットを通じて、その課題のある能力、プロセスを指摘し、発揮できるように指導し、その方の成果が最大になるように活動しています。

皆さんも本書を通じて、ご自身の仕事のスタイルや判断の癖を見直して、成果の上がる仕事ができるように活用してください。

ちなみに、⑩生産性は本来のインバスケットでは必要な能力ですが、本書ではミニインバスケットであることから触れておりません。

1－2 インバスケットが注目される理由

アメリカ空軍の士官学校から

最近、インバスケットという言葉をよく聞くようになった方もいらっしゃるでしょう。ひょっとしたらお勤めの会社でインバスケットが導入された、これから導入されるという方もいらっしゃるかもしれません。もしくは自社で使えないか？　とお考えの方もいらっしゃるでしょう。

最近、脚光を浴びているインバスケットですが、ルーツは1950年代にアメリカ空軍で活用されていた教育ツールなのです。すでに60年以上の歴史があるということに驚かれる方も多いでしょう。

アメリカ空軍の士官学校で戦闘に必要な知識を教育した後に、その知識が実際の戦場で応用できるのかをシミュレーションゲーム化したと考えられています。

つまり当時は素晴らしい知識が頭に入っていたとしても、実際の戦場で活用できなかったら意味がないと考えられたからでしょう。


これは現代のビジネスを取り巻く環境とよく似ています。

いかに、たくさんの知識やノウハウを持っている人材でも、活用されなければ成果が上がらず、淘汰される時代なのです。

ビジネスはいわば武器を持たない戦いです。

その戦いに残るためには、資格を取ることや、多くの書籍を読むことも大事ですが、それらが活用され成果に結びつかなければなりません。


インバスケットがここまで注目されるのは、理論や知識を詰め込む、いわゆるインプット形式ではなく、**持っている能力や知識、ノウハウを活用できるかというアウトプット型の教育ツールであることが大きい**と考えています。

インバスケットでアウトプットしていただきたい能力は先ほど述べましたが、たとえば「優先順位設定力」と言われる、どのような仕事の優先順位のつけ方をするのか、という力においても、タイムマネジメント論や座学で考えをすでに知っていると言われる方が多いのですが、実際にインバスケットをやっていただくと、全く優先順位がつけられていなかったり、ただ量をこなしたりといった、あまり評価できない優先順位をつけられる方が多いのに驚きます。

「知っている」と「使える」は違う

アウトプットについて、少し私のお話をさせてください。

実は先日、小学生の私の子供が漢字ドリルで勉強をしておりました。

誇らしげに、完成したドリルを私に見せに来ました。なるほど、満点です。ほめてあげた後に、「この〝毎日〟という漢字の意味はなに？」と聞きました。

すると、「わからへん」とあっけらかんと答えるのです。

つまり、書く、読むはできるが意味がわからない、つまり活用できないのです。

これは子供だけではなく、大人の世界でも同じことが起きているのではないでしょうか。

知っているが活用できない。

もう一つ事例を紹介します。

先日、ある企業で研修の打ち合わせを行ったときのことです。

担当の方が、契約書作成の際に社内マニュアルを探そうとしていました。

驚いたのが、「マニュアルを活用するマニュアル」が存在したことです。

なぜそのようなマニュアルがあるのかと伺うと、素晴らしいマニュアルはあるが、どのように使うのかわからない人が多かったからだそうです。

私たちも、今まで数多くの知識や能力を身につけてきましたが、必要なときに活用できるとは言えないのではないでしょうか?

インバスケットは、その方の持っている知識や能力を活かすためのトレーニングツールなのです。

一流企業がインバスケットを採用する理由

インバスケットは、多くの一流企業で昇進昇格試験としても採用されています。

これは企業から見ても、その方が実際に上位職となったときにどれほど能力が発揮できるかを見たいから、インバスケットが活用されているのです。

もちろん、インバスケットでその方のお持ちのすべての能力要件がわかるわけではありません。しかし、面接や知識試験ではわからない側面が見えてきます。

これからの管理者をめぐる環境はさらに厳しくなるので、今までと同じ選抜方法では限界を感じている企業が多いのです。

インバスケットについてお話をしましたが、このトレーニングツールは、本来はゲーム感覚で作られたものです。

昇格試験でインバスケットを受けられる方も、試験としてとらえるより、自分自身の仕事の進め方を見直す機会として活用していただきたいのです。

1-3 インバスケット的な思考

プロセスを重視するインバスケット

次にインバスケット的な考え方について考えてみましょう。

インバスケットは結果ではなく、結果に至るまでのプロセスを重視します。

結果さえ良ければ良いという考えではないということを知らなければなりません。

本書もいくつもの例題が出され、あなたの判断に似ている選択肢を選んでいただく方式をとっていますが、すべて完全な正解はありません。

これは、先に説明したようにインバスケットは結果ではなくプロセスを見るためのツールだからです。

言いかえれば結果が良くても、結果に至るまでのプロセスに問題があると、インバスケット的には「NO」なのです。

ではプロセスとはなにか。

問題を発見して、分析や情報収集をし、対策を立案するなどの結果を良くするための一連の行動です。

「そんなこと既にやっているよ」

という声が聞こえそうですが、実際にインバスケットの回答を見直すと、プロセスの抜け漏れが多いのに驚きます。

この抜け漏れが多いほど、良い判断ができず、成果が出にくくなります。

たとえばあなたは、**「とりあえず」**「一**応**」などという言葉を使いませんか?

これは非インバスケット的な言葉です。なぜならプロセスの抜け漏れを正当化する言葉だからです。

「とりあえず〇〇をする」という言葉は私も使います。

決して悪い言葉ではないと思います。

しかし、とりあえずという言葉で、本来とるべきプロセスを飛ばしてしまうという残念な側面もあることも知っておかなければなりません。

私も現在、経営者として人の採用にかかわっていますが、最終選考で迷った挙げ句、

「とりあえず、この人は印象が良いから採用しようか」

と考えてしまうことがあります。

採用には労力がかかりますので、楽な判断を選びたがるのかもしれません。

しかし、その判断には大きな危険性があるのを私は経営者として身にしみて感じます。

だから、慎重にいろんな側面から検証し、比較をして、周囲の意見を聞いてから判断をするのです。間違いなくこのプロセスを経た判断のほうが、「とりあえず」の判断より良い結果を出す確率が高いのです。

中には、きちんとプロセスを経たのに悪い結果が出る場合もありますが、その多くはプロセスをたどっていけばどこかの段階で問題があり、それを検証することが良い判断に近づくのです。

ちなみに、プロセスの抜け漏れには次のような個人の特徴があります。

・情報を十分集めずに判断をする

・とにかく判断を急ぐ

・対策を一つしか考えない

・周りへの根回しや配慮が足りない

インバスケットではプロセスを重視します。

本書のトレーニングもプロセスを重視するインバスケット的な思考で挑戦してください。

本書のおすすめ活用法

本書には次のような特徴があります。

・問題ごとに区切っています

本来インバスケットは限られた時間内に多くの案件処理をするのですが、本書は発揮していただきたい能力別に問題を区切っています。

ですので、トレーニングできる時間がまとめて取れなくても、たとえば通勤やお昼休みなどにも挑戦していただくことができます。

・選択肢形式になっています

こちらも本来インバスケットは、ケースに対してあなたならどのような行動をとるのかを、たとえば指示を出すという方式で記述していただくものですが、本書は書籍という関係から選択肢を設けています。

ただ、すぐに選択肢を選ぶのではなく、あなたならどのように行動するのかを、あたまで描いてから、あなたの考えに近い選択肢を選ぶと一段とインバスケット思考が身につきます。消去法で選択肢を選ぶ方もいますが、それはあなたが選んだ本当の選択肢ではありません。

・主人公の立場に立って判断してください

インバスケットではケースの主人公の立場になって考えることが望まれます。「主人公はこのようにするべきだ」と考えるのではなく、「あなた自身が主人公になったとしたらどのような行動をとるのか」を考えてください。

また、主人公になりきる際は、今のあなたの会社の風習や規則などは考えず、まっさらな状態で考えてみることをおすすめします。

ぜひ、あたかもケースの会社に転職したかのように主人公になりきってください。

・大事なのは正解ではなく、自身の考え方とどう違うかに気づくこと

インバスケットには正解はありません。もちろん、著者が考える「最適解」は解説の最後に「鳥原の選択」として示し、解説の中で触れることもありますが、なにが正解かということではなく、あなたの考え方と本書の考え方のどこが違うのかを考えていただきたいのです。

・ネット投票で他の方の回答率が見られます

本書では、あなた自身の考えと本書の解説の違いを確認してほしいのです。さらに、すべての問題はインターネットで投票できます。ぜひ、あなた自身が選んだ回答を他の方がどのくらい選ばれているかを比べてみてください。

ちなみに、本書のミニインバスケットは、インバスケット研究所のメールマガジンで出題したものも一部アレンジして収録されており、当時の回答率を解説で示しているものもあります。

ネット回答システム

ページ左下のＱＲコードを携帯電話やスマートフォンで読み込む、もしくはＵＲＬを入力すると、本書の全問題がネット上で投票できます。

あなたが選んだ回答を他の人はどのくらい選んでいるのか、リアルに見ることができ、コメントも入力できます。

では、ストーリーを読んで主人公になりきっていただき、インバスケットに挑戦してみてください。

http://www.inbasket.info/jissen/
〈運営：株式会社インバスケット研究所〉

第2章　判断力を高めるインバスケット36問

プロローグ

やれやれ、今日もバタバタするなあ。

俺は稲葉《いなば》真一《しんいち》。来年40歳になる、普通のサラリーマン。変わっていると言えば、毎日10キロのマラソンをもう5年ほど続けていることくらいか。あ、仕事は課長。通信販売会社「トクホ通販」営業一課をみている。

うちの会社は、通信販売でテレビやラジオの番組を使って、商品を紹介し直接コールセンターでお客様から受注するという販売体制、多くの人が番組と番組の間のわざとらしい販売番組を見たことがあると思う。この業界では一応中堅と言ったところか。

営業は三課まであるが、俺のところは主に健康や美容にかかわる商品を仕入れて、販売企画を立てるのが仕事。他の課は衣料品や生鮮品などを売っている。でも、利益率は圧倒的に俺の課がいい。まあ、稼ぎ頭かな。健康は金をいくらかけても欲しいものだからな。

そういえば俺の娘、綾香《あやか》にも「健康でいてね」って言われたな。少しうれしかったが、その後の言葉が「私が大学卒業するまでは……」だって。これは余計だと思ったが、綾香は今年中学2年だからまだまだ健康にいなければな。でも、これだけ毎日健康食品のサンプルを食べていたら健康になるんじゃないか。

お、**三枝《さえぐさ》部長**からメールが来ている。

部長はかつて「通販の仕掛け人」と呼ばれ、様々なヒット商品を飛ばしてきた神様のような人間だ。取締役も兼任しており、商売への嗅覚は誰よりも鋭い。導火線に火が付くととんでもないくらい大爆発するし気が短い。とりあえず返信しておくか。

上司を紹介したので、部下も紹介すると、

宇《う》ノ《の》気《き》優《まさる》（35歳）企画担当

自身も番組に出て販売を行う。スタンドプレーが大好き。発想やパフォーマンスは素晴らしいが、勝手に物事を進める癖がある。

吉本直行《よしもとなおゆき》（30歳）企画担当

慎重で生真面目。少し度胸が足りない。意思決定を避ける。

小熊孝幸《おぐまたかゆき》（28歳）仕入れ担当

商売人的発想で新しいもの好き。もとコンビニエンスストアバイヤー。自分発想が強い。

三島秀則《みしまひでのり》（32歳）仕入れ担当

性格は細かく神経質。前例をもとに仕事をするタイプで融通が利かない。

飯田友朗《いいだともあき》（28歳）仕入れ・在庫管理担当

アルバイトから社員に昨年昇格した。俺より社歴が古く、時折自分の意見を貫くべく反抗的、しかし仕事の精度と速さは抜群。

と、少し俺の主観が入っているが、まだまだ半人前ばかりだ。だから、俺がバタバタするんだ。早く育ってくれないか。あーあ、今日も忙しい一日になりそうだ。

A　優先順位設定力

A-1 会議10分前！　10通の未開封メール　〜優先順位設定スタイル〜

「おはようっす」

俺はいつも通りの時刻に、トクホ通販本社6階の営業本部事務所のドアを開けた。始業10分前。最近残業続きなので朝はきつい。

もうすでに仕事を始めているものもいれば、音楽を聴きながら新聞を見て自分の世界に入っているものもいる。相変わらず個性の強い連中だ。そう思いながら自分のデスクにスポーツ新聞をおいて、デスクトップの電源を入れた。

机の上に置いているメモなどを左角に固めているといつものデスクトップの幾何学模様の背景が出てきた。まずメーラーを起動する。

「よし、やるか」

受信トレイ

日付：今日

差出人		件名	受信日時
営業課	三島	会議議事録送付	昨日18：23
大和テレビ	奥田	オンエア日の変更のご依頼	昨日18：16
営業課	小熊	業務日報（小熊）	昨日18：03
営業課	三島	8月有給休暇のご依頼	昨日17：34
経営部	山下部長	先月の売上げ速報報告	昨日17：11
営業課	宇ノ気	無事終了しました	昨日16：35
企画課	平山	お借りした本の感想	昨日16：02
営業部	三枝部長	資料準備願います	昨日15：25
営業課	三島	在庫欠品の代替品について	昨日15：12
営業部	三枝部長	Fw：総務よりお願い：コピー機使用ルールについて	昨日14：23

インバスケットA-1

あなたのパソコンには上記のメールが未開封で入っています。本日は9時には会議が始まるので、10分間しかメール処理に充てられません。

あなたならどのように処理を始めますか？

時間は10分。すべてに返信する時間はありません。

1 一番上から開けて可能な限り返信する

2 簡単に処理できそうなものから返信する

3 すべての内容を確認して重要なものから先に返信する

4 一番返信が遅れているメールから順番に返信する

解説A－1

「やみくも」の成果は2割

優先順位設定力を磨くには、まずご自身の優先順位のつけ方を知ることから始めます。

今回のケースのように多くの未開封メールが溜まっている状態のとき、あなたはどのようにメールを処理していきますか。いろいろな処理方法はあると思いますが、

・一番上から順番に確実に処理を行う
・すぐに処理できるものを先に片づける
・すべての内容を確認して重要なものから処理をする
・受信時間が古いものから片づける

というように選択肢と同じ4つに集約されると思います。

私もインバスケット・トレーニングを始めるまでは、すぐに処理できるもの、または簡単に片づけることができるものからやっつけていく、このパターンでした。

とにかく、できるだけ数多く処理を終わらせたかったのです。

しかし、インバスケット・トレーニングを始めてわかったのは、**たとえやみくもに半分のメールを片づけたとしても、成果は2割にも満たないということです。**

重要な2割で成果の8割を出す

私はセミナーなどで、優先順位をつける必要性をお話しするときに「パレートの法則」を例に出します。この法則は簡単に言うと、

「全体の8割の利益を生みだしているのは2割の顧客である」

「全世界の8割の富は2割の人間が保有している」


などと言われる全体の一部分が大部分に影響しているという法則です。

これは仕事にも同じことが言えるのです。すべての仕事を表面的にこなすのではなく、重要な2割の仕事を処理すれば8割の成果が出ると考えるのです。逆に、先のメール処理の例で、すぐ終わるが重要ではない8割のメールを処理したとしても2割の成果しか残らないと言えます。

つまり、インバスケット的に言えば、**まず全体を把握して重要なものを処理すべき**なの

です。このケースでは3の選択肢に当たります。
　これがインバスケットにおける「優先順位設定」であり、来たものから順番に処理をする仕事の進め方や、やりやすいものから片づける仕事の進め方とは根本から異なると言えます。

鳥原の選択　3

A-2 試験勉強中に見つけた本日期限の無料券 ～緊急度と重要度～

やれやれ、この歳になって勉強か……。記憶力が落ちているので、全然頭に入らない。しかし、今回の試験は部長の推薦だし、少なくても最下位は避けなければ。試験は明後日だもんな。でもなぜか試験勉強中に部屋の掃除をしたくなるのは不思議だ……。

インバスケットA-2

あなたは明後日の昇格試験に備え、勉強をしています。
ふと机の引き出しを開けると、本日最終日の映画の無料招待券を発見しました。
あなたが大好きな監督の作品で、運よく手に入ったその券を使って観に行こうと思っていたのですが、すっかり忘れていたようです。

あなたならどのようにしますか？

1 すぐに映画を観に行き、鑑賞してから勉強を再開する
2 招待券は無視し、勉強を続行する
3 映画館の近くのカフェで勉強をする。勉強を優先し、映画はその後観る
4 まずは勉強を優先するが、可能であれば映画を観に行く

解説A－2

「緊急」は必ずしも重要ではない

私たちは日ごろ優先順位をつける際に「緊急度」、つまり時間の軸で決めることが多くあります。たとえば、締切や提出期限、至急対応の案件などがそうです。

今回のケースでは無料招待券は期限が本日中で、今日中に使わないと紙切れとなり、損失となってしまいます。

昇格試験は明後日ですので、「無料招待券を使う」という選択は、緊急度だけで考える

と論理的な判断かもしれません。

しかし、それはあくまで期限という軸だけで考えた場合であり、インバスケットにおいては「重要度」という軸も加えて考えなければ正しい優先順位とは言えません。

重要度は、それをしないことによって起きる影響のことと考えます。

無料招待券は使わないと損失が出るのですが、その大きさがこの場合重要度になります。昇格試験と比べると無料招待券の損失は低いはずですよね。

つまり、期限がすべてではなく、たとえ期限が迫っていた案件があったとしても、もっとしなければならない重要なことがあるのです。

緊急度が高い案件を私たちは優先度が高いと誤解しています。

実は優先度を決める本当の要素は、その仕事や案件が重要なのかという点です。

たとえ、期限が決まっていても、締切があっても、重要でない仕事ならしないことも選択肢の一つです。

鳥原の選択 **2**

A-3 出張から戻ったらメールの山 ～優先順位設定の根拠～

やれやれ……、今週はほとんど全国行脚だな。日本列島がどんどん狭くなるような気がして、自分のオフィスに戻ると本当に長い旅が終わったような感覚だ……。今回は2泊3日。メールも溜まっているんだろうな。お、吉本がこっちに向かってきた。なに？ 会議？ そうか、今日は商品対策会議だった。何やらすごい資料を作っているな。まあいい、まだ少し時間がある。メールでもチェックしておくか。

インバスケットA-3

あなたは2泊3日の出張から戻って、スリープモードのままだったパソコンを起動してメールを見ました。

いわゆる雑魚メールを除けば、大きく次の4つのメールは処理をしなければならないと考えましたが、会議までには処理できても2つしか処理できそうにありません。

A. 取引先からのメール

「昨日、納品されるはずの商品が納品されていない」と取引先から連絡

B. 上司からのメール

出張費精算の計算ミスの指摘。大至急、訂正の上、提出の事

C. 上司からのメール

「他営業所でパソコンがウイルスに感染し、データの流出した事故があった」という情報

D. 総務部からのメール

来月の社内旅行の参加申し込み（昨日で期限切れ）

あなたが処理しなければならない優先度1位と2位の組み合わせを選んでください。

1 1位　B　2位　A
2 1位　B　2位　D
3 1位　A　2位　D
4 1位　A　2位　C

解説A－3

「まず何をすべきか」を考える

回答の傾向を見ると、選択肢の4が全体の8割以上を占めています。

このケースは「どのような基準で優先順位をつけているか」の確認です。

優先順位をつける際の手順として気をつけていただきたいのは、優先順位とは大事なことを**すべてに順番をつけることではなく、何からするべきかを決定することです。**

つまりこのケースでは3番目に何をするのか、そして4番目に何をするのか、を考えるのではなく、最初に何をするべきかを考えます。

実際のインバスケットでも、20案件あればすべてに順番をつけることを重要と考え、時間をかける方がいます。

しかし、本来は優先順位の高い5案件くらいとそれ以外の案件に分けられる能力をインバスケットでは重要と考えます。

だから、優先順位の高くない案件の順番は、極端に言えば重要ではないのです。

「なんとなく」ではなく論理的な根拠を

そしてもう一つ優先順位で大事なのは、**優先順位設定の根拠をつけることです。**

多くの方がAの案件を先に処理しなければならないと考えたと思いますが、それはどうしてでしょうか。

「放置すると大変なことになるから」です。

このように考えるのは間違いではありませんが、明確な根拠とは言い難いです。大変なことになる……は主観であり、その人によって感じ方が変わるからです。

Aの案件を優先度が高いと判断されたのであれば、たとえば「対外案件であり、未納という被害が発生しており、会社の信用にかかわる」という論理的な根拠を持っていただきたいのです。

そして同じ軸で他の案件と比べて、優先順位をつけてほしいのです。

たとえば、AとCを比較した場合、どちらを先に処理すべきかと考えれば、Aは対外的案件で、現在トラブルが発生しており、会社の信用にかかわる。

これに対して、Cは内部的案件であり、リスクに対応する案件です。

したがって、Aの案件を最優先に処理し、その後にCの案件を処理すると考えればいいでしょう。

Dの案件も時間軸で言えば、すでに期限が切れているので優先的に処理しなければならないのですが、A-2の項で触れたように重要度という軸で考えれば、他の案件と比べたときに優先順位が上がるとは考えにくくなります。

もし、Dの案件を優先順位が高いと考えたとすると、「期限や締切」という時間軸に重点を置いている傾向があるかもしれません。

このような優先順位設定の癖は誰にでもあります。

その癖を知って、意識をすることが根拠の明確な優先順位設定をする第一歩です。

鳥原の選択 4

A－4　締切ギリギリの企画書にミス発覚　～失敗の優先順位～

やれやれ……。部下の宇ノ気のはつらつとした声が聞こえた。
まったく、相変わらず空気を読まないやつだ、どうせ大した用事ではないいんだろう。
それにさっきまでミーティングをしていたから、そのときにまとめて確認しろって
いうんだ。ここは少し、突き放すか。

インバスケットA－4

あなたは17時までに取引先に企画書を送る約束をしています。

そこに部下の宇ノ気が声をかけてきました。

「悪い、17時までに企画書を帝都物産に送らなきゃならないんだ、その後にしてくれ」

あなたはそう言ってまもなく締切時間の企画書の総仕上げに入りました。

この取引を何とかものにしたいと考え、細部にいたるまで、念入りに企画書を仕上げています。

16時55分にようやく完成し、念のため、プリントアウトしてみました。

すると、よく見なければわからないのですが、表の数字の右揃えができていません。

これを訂正すると17時を少し回りそうです。

さて、あなたならどのように対応しますか？

1 完全な物を送るべきなので訂正してから送る
2 まずは現段階の物を時間までに送り、その後に訂正分を送り直す
3 内容には問題がないので、このまま送る
4 まず、上司にこのまま送って良いかを確認し、その判断に従う

解説A－4
失敗の影響度を考える

この問題では、**失敗に対して優先順位をつけることが求められています。**

失敗にも種類があります。

失敗の中でも許される失敗と許されない失敗に区分けできることが大事です。

選択肢1を選ばれた方が多いかもしれませんが、相手に出す企画書の細部まで完璧にしようとしている点は素晴らしい当事者意識です。

しかし、今回のケースでは、失敗に対して優先順位をつけてほしかったのです。

つまり、「取引先に企画書を期限内に送れない」という失敗は影響度が高いので、この失敗は絶対にできないという前提に立てば、細かい文字の失敗は許されると考えるべきです。

ですので、確実に余裕をもって取引先に企画書のファイルを送り、送信メールフォルダーの送信控えで確認して、取引先に電話をかけ届いているかを確認する。

このように許されない失敗をまず回避することを優先するべきです。

失敗する優先順位をつけている点で言えば、選択肢の2が適当な行動だと思われます。

「小さな失敗もしてはいけない」という気持ちからの行動が、許されない失敗を招いてしまう。

このようなケースはあなたにはありませんか。
失敗する優先順位をつける。
それも、できるビジネスマンの必須能力です。

鳥原の選択 2

B　問題発見力

B-1 いつもスケジュールが押す現場 ～問題の表面と本質～

やれやれ、今日は新しい緑茶エキスの健康食品のロケだ。

なんでもカテキンに健康効果があるらしい。俺もためしに一粒口に含んでみた。

思わず、うめき声を出しそうになったが、製造元の前ではそんなことはできない。

なんとかごまかしたが、これほど苦いという感覚は初めてだ。きっと明日の朝まで苦みが残っているような気がした。

必死で口の中の苦みを消そうとしている俺に、部下の吉本が声を掛けてきた。

こいつも俺と一緒で苦みを噛みしめたような表情で話しかけてきた。

インバスケットB-1

ここは自社の撮影スタジオです。

最近、撮影開始時間になっても、撮影セットの設営ができておらず、撮影業者やモデルなどからクレームが出ています。今日も、部下の吉本から「設営に時間がかかり30分ほど遅れそうだ」と報告が入りました。

あなたは怒鳴るように吉本に理由を聞きました。

「いやあ、いつも必要な工具が必要なときに見当たらなかったり、小道具がどこかにいったり……」

頭を掻きながら言いわけをしました。

あなたは周りの出演者や撮影クルーに謝って、30分遅れで撮影を開始しました。

その後、チーム全員を集め、ミーティングを行いました。

今回の原因を探ろうとしたのです。

メンバーからは次のような意見が多く出ました。

「必要な工具が必要なときに見当たらない」

「工具の数が少ない」

「工具がよくなくなる」

あなたはリーダーとしてこのような意見を踏まえ、どのような判断を行いますか？
あなたの考えに一番近いものを選んでください。

1 そのような意見は言い訳であり、本質的な問題点ではない。したがって明確な責任を全員に与え叱咤激励する
2 工具が少ないのが明確な原因であるので、道具を購入し問題点を解消する
3 工具がなくなる、足りないなどの原因を更に追求していく
4 意見を聞いたことで、メンバーの不満は解消されるはずである。なぜならばメンバーのモチベーションが上がるからである

解説B－1

「焼け石に水」はやめる

この設問では3の選択肢を選ぶ人が圧倒的に多いです。

このケースでは「本質的な問題を発見できるか」をポイントとしています。

問題発見と一概に言っても様々なものがあります。

今回のケースのように、「なにかトラブルが起きている」など、見える問題を発見する行動も問題発見なのですが、管理者やリーダーに求められるのは、もっと高度です。

このケースでは本質的な問題発見をできるかを考えていきます。

まず「工具が足りない」という問題点があります。

これは表面的な見える問題であり、本質的な問題ではありません。

なぜ工具が足りないのか、を考えなければなりません。

本質的な問題を解決しないと、同じような問題がまた現れます。これでは焼け石に水です。

「工具が足りないから、買い足す」

これは応急的な解決策としては間違っていませんが、しかし、その一方で、管理者としては、工具が足りない原因を突き止めて、そこに手を打つ必要があるのです。

ここでリーダーは表面的な問題に対処するだけではなく、本質的な問題も発見しなければならないということをもう一度再認識していただきたいのです。

たとえば、火災が発生したとします。

もちろん本質的な問題点を悩んでいる暇はなく、まず火を消さなければなりません。しかし、このような場合でも、火が消えて良かったと思うのではなく、本質的な問題の「なぜ出火したのか?」を問題視しなければ管理者として合格とは言えないでしょう。

この本質的な問題点が把握できないと、再発防止策も打つことができないなど、問題解決のポイントが外れてしまいます。

問題の原因をたどることにより、本質的な問題点にたどり着くことができるのです。

鳥原の選択 3

B－2 大ヒット商品が出た後 〜問題を創り出す力〜

やれやれ流行とは読んで字のごとく流れ行くものだ。

俺の部門は健康食品や美容用品だが、これにも流行がある。この流行、誰が作ったかはわからないが、時にはありえないものがブームになったりする。一時期はカエルの卵エキスがブームになったり、かたつむりの保湿成分が人気になったりした。人の集団心理は怖いものだ。

今回、部下の小熊のアイデアである、「巨大なると入りカップ麺」。なるとをまるごと入れるという発想も驚きだが、それを丸かぶりするのがおもしろいという消費者もいるのが驚きだ。

俺は絶対売れないと思ったのだが、意外にも爆発的な売れ行きを示した。

インバスケットB－2

先月あなたのチームが開発した、「巨大なると入りカップ麺」が大ヒットし、2年ぶりに売上は目標を達成することができました。今月も目標をクリアできそうです。

このまま順調にいくと今期も目標を達成するかもしれません。あなたのチームの評価もウナギ登りです。

さて、今日はチーム全員のミーティングです。あなたはどのような方針を立てますか？

1 いつまでこのブームが続くかわからない。ブームが終わらないうちに、新しい巨大具材シリーズの開発を急ぐように指示をする

2 目標設定をさらに上げて、それを達成するために、この商品の成功要因を分析し、次の商品の開発を計画する

3 たまたまヒットしたのであって、チーム全員の気持ちが緩まないように檄を飛ばす

4 みんなが努力した結果である。感謝の意を表す。そして、成功の喜びをチーム全員で共

有する

解説B－2

一見問題がないことが問題

この設問は全体の7割の方が「選択肢2」を選ばれています。

この選択肢は、目標をさらに上げることにより新たに問題を創り出す行動であり、今回注目したい問題発見行動なのです。

ちなみに今回のすべての選択肢に何らかの問題発見行動が含まれています。

ただ、これからの管理者やリーダーも、発生した問題を発見して処理していくというスタイルから、自ら問題点を創り出し、それらを解決する行動が望まれているのです。

つまり、問題解決者から問題創造者へ、がこれからのリーダーの姿勢なのです。

この問題は、自部署の開発した商品がヒットし、業績目標を達成したという背景があります。目標を達成したということで、大きな問題は解消され、一見問題はないような気がします。

しかし、リーダーとしては目標が達成されるということは、次に新しい目標を設定する必要が出てくるということでもあるのです。

なぜ、新しい目標を設定する必要があるかというと、目標のない組織は、組織の力を失うからです。あなた自身も目標がなければ仕事に対するやる気も、モチベーションも上がらないのではないでしょうか？

リーダーの使命は、組織の力を十分に発揮して成果を出すということです。だからこそ、新しく問題を創り出すためにも、目標の再設定が必要になるのです。

問題を創り出すために、このような観点で考えてみると良いと思います。

・目標設定が妥当だったか

つまり、目標が低かったのではないかと仮説を立てて検証することも必要です。

・将来のリスクを考える

今は問題ないが、近い将来に起こり得るリスクに備える行動とも言えます。たとえば今の生活の経済状態は問題ないが、老後に備えて貯蓄をするなどの行動もこの考えに当たります。

・個人やチームの能力を伸ばす

目標とはかなりの努力をして達成可能な設定にするべきです。通常の業務をしているだけで達成する目標では、個人の能力やチームの能力も発揮できないだけでなく、能力が落ちていくのです。

したがって、達成したことを認めた上で新しい目標を設定し、それに向かって努力させることで、能力の育成を図ることが望まれます。

このように目標設定を上げることで、その目標に対してどのように対応していくかが問題として発生するのです。

鳥原の選択 **2**

B-3 行列のできるレジからのクレーム ～複数の問題発見～

いやいや、休みと言っても俺にはやることが多すぎる。心なしか、スーツを着るか着ないかの差だけかもしれないとふと思う。

今日は休みだが家族を連れて海まで車でドライブしようと、高速道路に乗ったのだが、合流地点からすぐに渋滞が始まった。こうなっては後の祭り。引き返そうにも引き返せない。それにあれだけ「トイレに行っておけ」と言ったのに、息子の健二がもじもじしながら「おしっこ」と言い出した。どうしてこうなるんだ。

なんとか一番近くのサービスエリアに到着し、子供をトイレに向かわせて一服していると、どこかでみたような顔が……。

「あっ、丸田じゃないか！」

俺はとっさに、スーツ姿の丸田に声を掛けた。大学時代のサークルのメンバーだ。

「ん……、稲葉……。おー久しぶりじゃないか」

どうやら、このサービスエリアの支配人をしているようだ。でも、顔が暗い。

事情を聴くとこんなことだった……。俺ならどうするか。

インバスケットB-3

あなたは、高速道路のサービスエリアの支配人をしている友人から相談を受けました。

彼の部門はレストラン部門・サービス部門・物販部門に分かれています。

本日、物販部門の責任者から連絡が入りました。

「お客様が責任者を出せ、と大声で怒鳴っています。すぐに来ていただけませんか」

彼は慌てて売り場に行き、お客様のお話を聞きました。

どうやら、混雑時でレジに長蛇の列ができていた中、横からお客様が割り込んできたことと、それを見て見ぬふりをした従業員に立腹されたようです。

しかし、支配人の彼がお詫びすると、すんなりと納得してもらえました。

それは彼の人柄もありますが、この手の騒ぎは週末には一日数回発生し、そのたびに彼が処理を行っているのでうまく対応できるようになっただけなのです。

一方で、クレーム対応業務が多いので週末は支配人としての業務はほとんどできない状態となっています。

あなたは彼の立場になって、このような状態でどこが問題だと感じますか？

選択肢の中からあなたが感じた問題点と近い選択肢を選んでください。

1 売り場で列に割り込むお客様の行動と見て見ぬふりをした従業員のモチベーション
2 物販部門に応援に行かないレストラン部門・サービス部門の責任者の考え方と、物販部門の責任者のコミュニケーション不足
3 週末に急激にお客様が増えることと、従業員の人数が少ないこと
4 レジにお客様の長蛇の列ができることと、物販責任者を含む従業員がお客様の対応ができないこと

解説B-3

何が問題かを考える

案件やトラブルが発生したときに、表面的な問題ばかり見ているようでは管理者として失格です。今回の問題のポイントは、見える問題と見えない問題の二つが発見できているかということです。

案件には複数の問題点が潜んでいます。

時間が足りないときはどうしても表面的な問題が目に入りますが、表面的な問題の裏にはその要因となった本質的な問題が潜んでいるのです。その複数の問題点を発見し、緊急に対応する事柄と中長期的に対応する事柄に分けて処理をすることが望まれます。

たとえば、選択肢3についてはお客様が週末に増えることや従業員の人数が少ないということを問題視していますが、これは表面的な現象を重視しているにすぎません。

お客様が急激に増えるのが問題ではなく、それに対応できない体制が問題であるととらえる問題発見をリーダーとしてするべきです。

また、問題を無理にまとめる方もあります。

このケースで言えば、レジ混雑が解消されれば、お客様に対する従業員の対応の問題がなくなる。このようなまとめ方です。これは別の問題とも言えます。

つまり、お客様の対応ができない従業員がいるという問題は、レジの混雑とは関係はなく、このケースでは二つの問題が別に起きていると考えるべきなのです。

もう一つの選択肢2で、他の売り場の責任者の意識や物販責任者のコミュニケーション不足も挙げられていますが、確かにこれも問題点で、素晴らしい問題発見と言えます。

しかし、本質的な問題発見はされているものの、現在発生している現象に対してなおざりになっています。つまり、**本質的な問題発見は重要なのですが、表面的な問題も対処が必要であり、短期的な問題発見と中長期的な問題発見が大事なのです。**

選択肢4を選ばれた方の問題発見はその点では短期的な問題発見と中長期的な問題発見がされています。

今回のケースでもわかるように、案件に含まれる問題点は一つではありません。場合によっては多くの問題が複雑に絡まっているのです。

一つ問題を発見したとしても、多くの場合は複数の問題が埋もれており、その中の一部しか発見したに過ぎないのです。

B-4 3日間泊まり込みの社員 ~リスクを発見する~

やれやれ、今日も最終電車だな。この仕事はマスコミ関係者などと会う機会が多く華やかなように見えるが、時間が不規則だ。収録や打ち合わせが延びて今日みたいに終電もざらにあるし、ディレクターやカメラマンのつまらない小さなこだわりで1時間ほど議論したりすることもある。

それにしても、宇ノ気のバイタリティには驚く。あいつ、いつ寝てるんだ?

インバスケットB-4

あなたは、部下の竹下から、次のような相談を受けました。

「私の隣の席の宇ノ気さんの件ですが……実はここ3日間ほど、泊まり込みで仕事をしているようです。仕事熱心なのはわかりますが、あまりお風呂に入っていないようで衛生的ではないと思います。課長から、風呂に入るように注意していただけないでしょうか」

あなたは、このケースでどのような問題点が一番重大だと思いましたか？

選択肢に行く前に一度考えて見ましょう。

その上で選択肢を確認して、一番あなたの考えに近い選択肢を選んでください。

1 労働時間が長くても生産性が悪そう。結果的にコストアップにつながっている
2 労働衛生上、周りの従業員にストレスを与えている
3 泊まり込みの仕事をしているという労務管理上の問題
4 仕事熱心な宇ノ気を批判する、竹下の態度

解説B－4

ハインリッヒの法則

この案件には多くの問題点があります。まず見えている問題として「衛生的ではない」という問題が挙げられます。

もちろん、これも問題なのですが、管理者が発見しなければならないのはむしろ見えない問題点であり、今後起きるリスクの高い問題点です。

つまり、3日間泊まり込みで仕事をしている点に、コンプライアンス上の問題があると感じていただきたいのです。もしくは、宇ノ気さんの過労による体調悪化にもリスクを感じたいです。

リスクを発見し、対処することによって、組織活動の障害を軽減しようとすることをリスクマネジメントと言います。

リスクマネジメントでは、発生してから対処するのではなく、未然に防止することを第一に考えて案件処理を行わなければなりません。

どうしても期限が迫っていると、表面的な今の問題に目が行きがちですが、**管理者として目をやらなければならないのは、発生したトラブルよりも起こり得るリスクを発見することなのです。**

リスク発見の話の際に「ハインリッヒの法則」がよく例に出されます。

これは、1件の重大な事故の背景には29件の軽傷事故と300件の無傷災害があるという、労働災害の事例の統計分析結果から導き出された法則です。

インバスケットにおいても、トラブルが発生した案件を、偶発的に発生した案件とはとらえてはなりません。トラブルはまた同じことが発生するという考えを持って、再発防止のための問題発見を行う必要があるのです。

現在はトラブルが発生していない案件でも、将来的に発生し得る問題点を抽出する視点から、問題発見を行う必要があるのです。

鳥原の選択 3

B－5 うまく回っていない直営店 ～課題を見つける～

やれやれ、また売れ残ったか。タイミングを逃すと大量の在庫が残る。これどうしよう。また例によって、売れ筋の商品のおまけで売るか？　いや、ここは裏技のあそこで売るか……。
実はわが社は通信販売と言いながら直営店も運営している。通信販売で売れ残った商品をここでさばいたり、新商品のテスト販売を行ったりしているのだ。しかし、この店を任せている店長が……。

インバスケットB－5

あなたが管轄するお店で問題が多発していました。

あなたはその店舗を統括するマネジャーとして、現場で状況を把握したところ、次のような現象面の問題がわかりました。

・品切れが多い
・価格登録ミスが多い
・繁忙期に接客人員が少ない

この現象の原因を探ると以下のようなことがわかりました。

・本来担当者がやるべき商品発注を店長一人で行っている
↓店長に確認すると、発注は自分がするべき仕事であると考え、一切部下に業務を委譲していない。

・価格登録も店長がすべて行っている
↓店長に確認すると、以前は担当者に任せていたが、価格入力ミスが多いため、自分でやる方が確実であると考えたので、それ以降はすべて自分が価格登録作業を行うようになった。

・本来店長の仕事である勤務シフトの作成をアルバイトに任せている

↓店長に確認すると、以前は店長が勤務シフト作成を行っていたが、アルバイトに仕事の自覚を持たせるためにアルバイト同士が集まり勤務シフトを作らせるようにした。

このような状況からあなたが考えるこのお店の課題は何でしょうか？

あなたの考えと一番近いものを選んでください。

1 店長の業務内容の見直し

2 品切れ・価格登録ミス・接客人員不足の解消

3 会社としての店長へのフォロー体制の充実と店長教育の実施

4 店長の入れ替え

解説B－5

あるべき姿に近づける

まず解説に入る前に、「問題発見と課題発見は違う」ということを知らなければなりません。問題と課題の違いは何か？

以前、インバスケット研修でこの質問をしたときに、スマホで検索をしている受講生がいました。これもあまり意味のない行動です。なぜなら、問題と課題の違いや定義ははっきりとしていないからです。

ですが、問題と課題は違います。具体的な例をお話ししたいと思います。

あなたの携帯電話の充電が無くなり、電源が入らなくなったとします。

問題点は「携帯電話が使えない」ことです。

では課題は何でしょうか。

課題とは「あるべき姿に近づけるためのあなたの解決の方向性」のことです。

解決の方向性を見出すためには、原因の分析を行ってから方向性を見出す必要があります。

なぜ、バッテリーの充電量が無くなったのか？

たとえば、充電をするのを忘れたのであれば、「忘れずに充電を行う」。

もしくは携帯自身のバッテリーの寿命であれば、「バッテリーの入れ替え」。

機械自体の容量や消費が原因であれば、「機種の変更」などが挙げられます。

「問題」は現在起きている事象であり、「課題」はその事象を分析した上でのあるべき姿を設定し、それに近づけるための意思の入ったものと言えます。

問題の根本を追求していくとたどり着くのも、この課題です。問題を多く解決した管理者より、少なくても課題を解決する管理者の方が評価されるべきだと思いますし、いつも問題に追われている管理者は、課題解決をしなければならないと言えます。

このように課題発見という観点から言うと、選択肢1と選択肢3の両方適解と考えられます。

しかし、この設問の中で「お店の課題」となっていますので、選択肢1が最適解です。

選択肢3も課題ではありますが、これはお店ではなく会社としての課題だからです。

鳥原の選択　**1**もしくは**3**

C　問題分析力

C―1　売れ筋商品の売上が急落したら　～仮説を立てる～

やれやれ、最近の客は名前で商品の価値を決めるな。「ポッサーガルデ」――。
お菓子のような名前だが、当社で売れ筋の健康食品のブランドである。
いろんな商品の中でこれだけは売れている。
ブランドとは怖いものだ。中身よりも名前で売れる……。

インバスケットC―1

売れ筋のブランド「ポッサーガルデ」が発売されて以降初めての事態が発生しました。
2年間伸び続けて来た売上が、急激に下がり始めたのです。
あなたは上司から呼び出され、すぐに対策案を出すように迫られました。

あなたならどのような行動を取りますか？

1 おそらく、よく似たブランドが発売されたのか、もしくは偽造ブランドが出回っているのが原因だと考えられるので、すぐに偽ブランド対策を検討する

2 すぐに対策を出せとの上司の指示なので、とにかく、部下に対して売り込みを指示し広告を強化してはどうかと上司に提案する

3 商品にはブームがある。ブランドにもライフサイクルがあるので、このブランドは衰退するのは仕方がないことであり、次のブランドの戦略を早急に考える

4 地域別、性別、年代別などのデータを収集し、売上低迷の原因を調査する。上司には原因調査をしている旨を報告する

解説C－1

仮説と情報収集はセット

このケースを「問題分析」の観点から考えてみます。

問題分析とは仮説を立てて、それをもとに情報収集を行う行動などを言います。

その点では選択肢2を除く選択肢は、何らかの問題分析行動を行っていると言えます。

選択肢2は、問題発見はできていますが、分析行動を行わず、過去の経験などから対策を考える行動と言えます。過去の経験は論理的な根拠にならないので、この場合問題分析力として評価はできません。

その他の選択肢は、「仮説」が立てられています。

たとえば選択肢1は「偽ブランドの出現」。

選択肢3は「ブランド力のライフサイクルが終わりに近づいたのではないか」。

選択肢4は「地域別、性別、年代別のいずれかの項目で異常値があるのではないか」という仮説です。

インバスケットは仮説の良し悪しを評価するツールではありません。大事なのは、**仮説を立てた後にそれを立証する情報を集める**ということなのです。

その点では選択肢1と選択肢3は情報収集が十分とは言えません。つまり情報収集というプロセスが抜けているのです。

たとえば偽ブランドの出現が仮説であるなら、それに関する情報収集を行う必要があり、この行動は仮説行動とセットと考えなければなりません。

今回の例題で意識していただきたいことは、問題分析行動は仮説を立てて、その仮説を立証する行動でもあるということです。

たとえ素晴らしい仮説を立てても、仮説倒れに終わっては成果はもちろん、その次のプロセスへと進めないのです。

鳥原の選択 4

C-2 魅力的だが知らない会社を調べたい
～潜在情報と顕在情報～

やれやれ、まさかあんなところに例のものがあるとはね……「灯台下暗し」か。

幻のダイエット薬「痩せる草」――。

その成分を使った健康食品を扱っているメーカーがうちの事務所の近所にあると情報が入った。部長からは至急、仕入れを検討するようにとの指示。

相変わらずせっかちだ。この手の商品はきちんとしたところから仕入れないと、とんでもない粗悪品をつかまされることもある。どんな会社か実態を調べないと……。

インバスケットC-2

あなたは上司から呼び出され、「幻のダイエット薬『痩せる草』を使った健康食品を扱っているメーカーがあるので、「至急仕入れを検討するように」と指示を受けました。

あなたはその会社の実態をつかもうと思います。どのように調べますか。

1 その会社のホームページを見て情報を仕入れる
2 実際にその会社に行って確認する
3 ネットでどんな噂があるのかを調べてみる
4 業界関係者や信用調査会社に情報を求める

解説C-2

情報には二種類ある

インバスケットでは情報を収集する行為も評価します。

実は情報を収集するという行動も、人によって大きく異なります。

とにかく簡単に手早く情報を集めたい方や、確実な情報を手に入れるために専門家の意見を集める方、またまた、自分の目で実際に確認する方などです。今回は、情報収集する、という行動の中でも、どのような手段で情報収集するのかも重要視したいと思います。

情報収集の種類は情報の特性によって異なります。その特性は大きく二つです。

A．顕在情報（セカンダリーデータ）収集

これは、もうすでに世の中に出回っている情報を指し、新聞やテレビなどのマスメディア、ネットなどからの一般的な情報収集手段です。どちらかというと、安易に実行できコストもかからない情報収集方法です。

B．潜在情報（プライマリーデータ）収集

まだ世の中に流れていない情報です。セカンダリーデータに比べて、レベルの高い情報収集方法で、自ら取りに行く情報収集手段です。たとえば、アンケートや市場調査など。時には自ら現場に行き自分自身で顕在情報では得られない情報を得る行動を言います。

この情報収集行動を取る際に、状況とリスク、期限などを総合的に考えて判断する必要があります。またどのような情報を集めようとしているのか、も重要なポイントです。

管理者の案件処理については重要な判断も多くなってきます。重要な判断材料にする情報には正確さや重要性が望まれます。

皆さん自身も、たとえば家や車などの大きな買い物などは、直接現物を見るなどの情報収集行動を取るのではないでしょうか。

このケースで学びたいのは、**情報収集は量を集めることではなく、質を求めることも大事である**ということです。

私の以前の部下でも、情報をたくさん集めると良い、と信じて、驚くべき資料を揃えた方がいましたが、それは量を揃えただけで質は低く、結果的にコストがかかっているだけの無駄な行動とも言えます。

したがって今回の選択肢で、潜在的な情報収集を行っているのは2と4です。

確実な裏付けを取るための行動として評価できます。

私たちは情報に鮮度を求めるあまり、すぐに入手が可能なネットなどの情報収集手段を使いますが、情報があふれている時代だからこそ、手間がかかっても潜在情報を取りに行く行動を取りたいものです。

鳥原の選択　2もしくは4

C−3 誰の意見を判断材料にするか ～定性情報と定量情報～

やれやれ、やっと仕事が落ち着いた。じゃあ、そのダイエット健康食品を作っている「大日本ダイエット工業」に向かうか。お、まてよ。そういえば、今日の夕方、撮影の打ち合わせが入っていたよな、ちょうど、外も雨だし……。現場を見に行くのは明日にするか。それまでに部下に情報を集めさせるとするか。

インバスケットC−3

あなたは「大日本ダイエット工業」の情報を部下4人に集めておくように指示をしました。すると翌日、部下4人から以下のような情報が上がってきました。

1 業界で急成長している会社で、社長もしっかりとした方で紳士である
2 会社概要から従業員数40名。そのうち社員は3名
3 なんか怪しい会社で、ネットの噂もあまりよくない
4 名前からして東証一部の大日本工業と同じグループと思われる

あなたならどの情報を判断材料に使いますか?

解説C-3

情報の量と質を分けて考える

現代社会では私たちを取り巻く情報量は、私たちが消費可能とされる量の、なんと2万倍と言われています。つまり、今必要なのはやみくもに情報を集めるのではなく、本当に必要で使える情報を識別する力なのです。

先ほど、情報の入手方法には二通りあると言いましたが、情報そのものにも種類が大きく二つあります。定性情報と定量情報です。

定性情報とは、聞き手により性質の異なる情報です。

「すぐ」「もうすぐ」「たくさん」などは、人によって取り方が異なります。たとえば、「あと少し」という表現が、Aさんは5分、Bさんは30分とも取れます。

特にこの定性情報は人の主観が入る情報で、今回のケースでは選択肢2以外はすべて定性的な情報で、主観が入っています。

インバスケットの意思決定の材料とするべき情報は、定量情報です。この定量情報は事実を伝える情報であり、意思決定の精度を上げるために重要な情報です。あなたが今までした失敗でも、どの情報をもとに判断したかが大きく成果に影響したはずです。「少し」「若干問題が」。それらを自分なりに解釈することで失敗した方も多いはずです。

判断材料にした情報の誤りが、誤った結果を招いたのではないでしょうか。

調理方法は正しくても、材料を誤ると美味しい料理ができないのと同じです。

人の意見を尊重するのは大事ですが、それらには必ずその人の主観が含まれていること、そして最終的には定量情報に基づく自らの判断が大事であるということを認識しなければなりません。

C-4 売れ行き不振の原因を分析せよ ～抜け漏れのない分析～

やれやれ。また厄介な問題が……。

「はい、わかりました、原因を分析して報告します」

そう言って電話を切ったものの――

まずい、これまで稼ぎ頭だった、「亀の甲石鹸」の売上が3か月連続で落ちている。やっぱり、売れているからと言って販促費をケチったのが原因か。ともかく、原因を明確にしないと手の打ちようがない。どうやって売上不振の原因を調べるか……。

インバスケットC-4

あなたは部長からの指示で「亀の甲石鹸」の売上が急減している原因を調べることにな

りました。

まずはコンピューターで数字の分析から行おうと思いますが、どのような分析を行えばいいと思いますか？

❶ターゲット顧客層である30代から40代の売れ行きを調べる
❷販促費を落としたのが原因と思われるので、それを報告する
❸通信販売では夕方の注文が多いので、夕方の購買動向を調べる
❹男性と女性、そして各年齢層の売れ行きを調べる

解説C−4

分析に抜け漏れはないか

このケースでは論理的に分析ができるかを確認したいと思います。
論理的な分析手法でMECE《ミーシー》というキーワードがよく使われます。
これは「全体として重なりなく、漏れのない状態」を指します。

重なりなく、漏れがないとはわかりやすい例で言うと、あなたが部屋の掃除をしようと、掃除機をかけるとします。

隅から順に規則正しく、掃除機をかけていけば、漏れもなく、また重なりもなく掃除ができますが、縦横無尽に掃除機をかけていると同じ場所に掃除機をかけることが起きるばかりではなく、掃除機をかけていないところも出てきます。

これは掃除の例ですが、実際の原因分析で言うと、重なりがあれば無駄な作業ですし、漏れがあればそれは原因分析にたどり着きません。


実は私も小売業にいたときは同じ失敗をしたことがあります。

価格チェックと言って、売り場の商品の値札と実際のレジの値段があっているかを確認する作業を行っていたのですが、このMECEの考え方ではなく、ある商品を特定して重点箇所ばかりチェックを行っていたので、価格ミスが発生したのです。

問題分析では足して100になるという分析が原則です。

これが漏れのない分析なのです。

それにしたがって今回のケースを考えて行くと、
選択肢1は30代と40代に絞っていますので足して100になりません。
選択肢2は分析活動そのものを行っていません。
選択肢3も夕方に特定して調査しているので足して100になりません。
したがって足して100になる分析は選択肢4となります。

問題分析のときに、抜け漏れが発生するケースはよくあり、原因がわからない多くのケースも、原因調査時の抜け漏れで起きることが多いのです。

そして、この抜け漏れの原因となるのは、問題分析を行う方の主観、特に先入観です。

大事なことなので念を押しますが、問題分析の基本は足して100になる分析です。漏れのある分析は分析ではありません。

D　創造力

D－1　開発中の商品が微妙と気づいたら　〜リセットする力〜

やれやれ、問題児か……。

「キトサンダブル」――この商品名を聞くと、軽やかな気分も一気に重くなる。

カニの甲羅からとれるキトサンは健康食品として2年前まではかなり注目されていた。その頃、俺はこの商品を企画し、国内のメーカーに委託して開発を続けていた。まだ、発売に至っていない。

ポイントは今までになくキトサンの濃度が高い、もっと言うと、市販品より2倍の濃度の商品を発売することだが……。

インバスケットD－1

あなたは開発中の「キトサンダブル」について、開発メーカーから、あと1000万円ほどの予算で企画コンセプトの商品が出来上がるが、先月別メーカーから同コンセプトの商品を先に開発され、当社が後発になるので、今のコンセプトで仮に商品化してもそれほど売れないだろうと報告を受けました。

あなたの会社からは開発資金をすでに3000万円も拠出しており、かなりの労力をかけて開発してきた商品です。あなたはどのように対応しますか。

1 開発を中止して、新たなコンセプトの商品の開発を目指す

2 一旦、追加投資し、せめて今までの投資額を取り戻し、その上で開発計画を見直す

3 さらに開発に時間をかけて、他社の先発品を上回るものを作る

4 開発計画を進めさせ、なんとか半額の500万円の投資で済むように折衝する

解説D-1

埋没コスト

今回のケースは、創造力の中でも「リセットして考えることができるか」というポイン

トです。

今まで費やしてきたコストや労力、これが特に他社もかかわっているとするとさらにいわゆる「引くに引けない状態」になってしまいます。

この判断の状態でのコストを「埋没コスト」と言います。

これはもう回収できないコストであるのに、無理にでも回収をしようとする行動のことを言います。

たとえば、2000円のランチバイキングをオーダーしたとします。

しかし、美味しくないメニューばかり。あなたならどうしますか？

ランチとしては高額な料金を払っているので、少なくとも2000円分は食べようと、あなたが考えるとしましょう。

でも、この場合よく考えると、たとえあなたがたくさん料理を食べたとしても、支払った2000円は返ってきませんよね。

つまりすでに失われた利益は取り戻すことができないのです。

ましてや美味しくもない料理を満腹になるまで食べる労力と、その後のあなたの健康を考えると利益にならないどころが損失を重ねることがわかります。

一度払ったコストを埋没コストと考える場合は、今後、さらに失われる可能性のあるコストを防ぐことが重要なのです。

一時期、ダム建設の中止の議論の際も埋没コストの話題が出ました。

これも、議論の中心が「今まで数千億円かけた……」などとよく報道されますが、埋没コストの概念で考えると視点が変わります。

現在まで数千億円投資したのは取り戻すことのできない過去であり、今後考えるべきなのは今後の損失を最小にし、また利益に変えることなのです。つまりこれまでの経緯をリセットし、この計画を中止するという判断も管理者としての仕事なのです。

今回のケースで考えると、選択肢1の決断が埋没コストを考慮したリセットした考え方だと言えます。

今までの投資を考えると、やめることをもったいないと思うのは仕方がないのですが、ときにやめない行為はさらなる損失につながる場合があるのです。

鳥原の選択 1

D-2 チャンス到来！ でもネタがない ～組み合わせる考え方～

「え、本当ですか？ ありがとうございます」

やれやれ、今日は星占いで棚からぼたもちがあると言っていたがこれのことだ。急にライバル社の放送枠が、向こうのミスで空いてしまったとのこと。ここはうちがなんとかしなければ……。でも商品を用意していないな。なにか在庫があるかな。

インバスケットD-2

あなたは急遽空いた通販番組の枠で自社の健康食品の販売をすることになりました。

しかし、そのための商品は用意していないので、現状在庫のあるものから何とかしようと思っています。

しかし、どれも直近一か月以内で販売した商品で、あまり期間が短いと消費者に飽きられてしまいます。在庫は以下の商品です。

A．カテキン倍増の苦いお茶　１０００円
B．米粉で作った冷凍和菓子　１２００円
C．甘さ5倍のノンシュガーココア　１１００円
D．添加物を一切使わない手焼きクッキー　１１００円

あなたならどの商品を販売しますか？

1 今回はすべての商品を直近で販売しているので見送る
2 すべてをもう一度おさらいの意味で販売する
3 AとB、もしくはCとDをセットで販売する
4 ABCを組み合わせて販売する

解説D－2

何もないときのアイデアの出し方

多くの方が、「創造力」とは無から作り出すことだと思い込んでいることに驚きます。

無から創造することは一部の天才を除けば困難なことです。何かを創造する多くの場合に、何かアイデアと別のアイデアを組み合わせていることが多いのです。

これはアイデアだけではなく、戦略を決める際のSWOT分析も同じです。

自社の強みとこれから訪れる機会を掛け合わせて戦略を決めるのです。

今回のケースでは単品販売が見込めないことから、新しい企画を生み出すことが求められます。

私自身が選んだ選択肢に理由をつけると、単品のお茶と和菓子を組み合わせて、和風ティーセットなどのシーンを想像した商品ができます。

反対は洋風ですね。選択肢4も「苦いお茶の後に口直しのココアを」というキャッチフレーズもいいですね。

大事なことは、**一つの事象だけで判断せず、いくつかの事象を掛け合わせて考えると無**

数のアイデアが出るということです。

また出たアイデアをすぐに否定せずに、実行可能か枠組みを外して考えることも大事です。

多くの方がせっかく出たアイデアを実現できないだろうと、ご自身で打ち消されますが、これはもったいないことだと思います。

「掛け合わせる」と言えば、アイデアの出し方も掛け合わせることができます。

実際に「3×3法」と言って、3人で3個のアイデアを出し、それを順番に回して加筆してさらに良いアイデアにする方法もあります。

無理に無から新しいものを作るのではなく、実際にあるものを掛け合わせる。このような練習をぜひして見てください。

鳥原の選択 3

D-3 これは売れないだろう、をどうするか?
~枠組みを外す~

やれやれ、「激安ダイエット食品」というコンセプトで開発した商品がこれか……。原料、デザイン・パッケージ・素材、あらゆる面でコスト削減した画期的な激安ダイエット食品。
しかし、いくら激安と言っても、これじゃビニール袋に入ったエサじゃないか。こんなもの誰が食べるんだ……。まあ、安いけど。

インバスケットD-3

あなたは激安ダイエット食品の開発を進めており、メーカーから試験品があなたの手元に届けられました。確かにデザイン・パッケージ・素材なども切り詰めて完成した今までにない激安ダイエット食品です。ただメーカー担当者は少し困りながらあなたにこう言いました。

「実は成分分析したところ、ドッグフードとほぼ同じ成分になりました。もっとも、ドッグフードよりカロリーが低いですが……。もし、これがわかるとクレームが来るかも。もちろん健康に問題はありませんが」

あなたはどのような判断を行いますか?

1 価格が上がっても良いので成分を変え、作り直させる
2 人間向けではなく犬のダイエット食品として販売を検討する
3 価格重視なので、そのまま販売を検討する
4 販売を中止し企画自体を取りやめる

解説D-3

常識にとらわれていないか

創造力の発揮を阻害している要因が「枠組み」です。

枠組みとは前例や慣習的な型にはまった考え方です。

たとえば、「本は前から読まなければならない」「休日は休むべきだ」。このようなごく当たり前の考え方が新しい発想の阻害原因となっているのです。

この枠組みは私たちが気づかないうちに形成されます。

職場の風土や慣習などによっても大きく枠組みが作られているのです。

「ノマド」という言葉をご存じでしょうか。

ノマドとは遊牧民のことです。今、ノマド的な働き方が増えてきています。つまり、事務所を持たず、持ち運びできるノートパソコンやスマートフォンで仕事をする働き方です。

また仏壇も「現代仏壇」と言われる、モダンな家具のような仏壇や、マンションなどにも設置できる小さな仏壇など、従来の枠組みを超えたものが続々と増えています。

このように、以前まで普通と考えられたことが普通という枠組みを超えて変化しているのです。

リーダーもこれからは枠組みを外して様々な視点で考えて判断することが必要なのです。

このケースでも、「ダイエット食品は人間が食べるものである」、もしくは流れから「人間用として開発された製品である」という枠組みを取り外せば、様々な選択肢やアイデアが生まれてきます。

枠組みとは先ほど申し上げた通り、自分の中にあるものです。しかし、多くの方は枠組みに気がついていないことが多く、気がつかないとさらに枠がどんどん狭くなることがあります。

まずはご自身が枠組みの中で発想していることを知ることで、初めて枠組みを外すことができるのです。

鳥原の選択 2

E　意思決定力

E-1 売り出し直前に立ち入り検査！

～不確定な情報下での意思決定～

やれやれ、やっと「痩せる草」の販売までこぎつけた。ライバル他社も虎視眈々と狙っていたので、先手必勝、きっと奴ら驚くぞ。よし、気合を入れて売るぞ。なんだ、小熊か。この忙しいのに……、な、なんだってっ、大日本ダイエット工業に立ち入り検査がっ。

インバスケットE-1

今回の目玉商品の人気サプリメントを格安で仕入れることに成功しました。ライバル他社より先駆けての販売です。この商品はきっとオンエアして30分以内に完売するはずです。

しかしオンエア1時間前に、仕入れ担当者から緊急の電話が入りました。

今回の商品の仕入れ先が薬事法違反の疑いで、保健所の立ち入り検査が実施されたとのことでした。

ただ、今回販売予定商品は問題ないと仕入れ先が太鼓判を押しているし、まだ調査が入っただけで確実に薬事法に触れているとは限らないので大丈夫だろう、とのことです。

あなたは上司に判断を仰ごうと連絡をしましたが、あいにく電話が繫がりません。今の段階ではあなたが意思決定をするしかないようです。

意思決定の前提条件は、次の通りです。

・今回の商品の売上見込みは1000万円、利益は200万円です。
・今回のオンエアを取り消すと、予想利益の200万円がなくなるばかりか、キャンセル料として100万円かかってしまいます。
・今回のオンエアを取り消すと、競争他社に先に販売される恐れがあります。

あなたはどのような意思決定をしますか?

1オンエアをキャンセルする
2とりあえずオンエアをして、注文をとる。それから意思決定を行う
3オンエアをして販売する。万が一、問題が起これば仕入れ先に対応を任せる
4テレビ局の判断に任せる。そうすればリスクを軽減し、販売も行える

解説E-1

意思決定はタイミング

選択肢ごとの回答構成比率を見てみましょう。（この比率は2013年1月現在の集計です）

1オンエアをキャンセルする　68・1％
2とりあえずオンエアをして、注文をとる。それから意思決定を行う　15・9％
3オンエアをして販売する。万が一、問題が起これば仕入れ先に対応を任せる　7・4％
4テレビ局の判断に任せる。そうすればリスクを軽減し、販売も行える　8・5％

インバスケットは「答えのない問題」と言われますが、改めていろいろな意思決定があるなあ、と驚きます。一つの案件でも様々な考え方や意思決定があります。

このような意思決定の問いに対して、多くの方が意思決定の結果を見てしまいがちですが、良し悪しを討議するものではないという前提を頭に入れた上で解説に入りたいと思います。

まず、意思決定で大事なのは「タイミング」です。

今、意思決定をしなければならないのか、後でもよいのかをまず考えます。

このケースでしたら意思決定をする必要があります。

次に誰が意思決定をするべきなのか、ということを考えます。

このケースでいくと、上司に連絡が取れない状況では、自分が意思決定をするのが適当です。ですから、テレビ局側の判断に任せるというのは意思決定を避ける選択肢とも言えます。

ミニマックス戦略

先ほど意思決定をする際に結果は評価しないと言いましたが、結果に行きつくまでの考え方は評価をします。

まず、意思決定に根拠があるかということです。しかし、今回のケースのように情報が少ない状況では根拠に乏しくなります。その際に使える考え方を一つご紹介しましょう。

「ミニマックス戦略」という考え方です。

これは、ゲーム理論でよく使われる言葉ですが、負けたときの損失をいかに減らすかという戦略のことです。つまり、損失をできるだけ最小にする考え方です。

正確に状況が把握できない状態では、プラスを増やす戦略より、マイナス幅をいかに縮小できるかを考えることが有効とされています。

この案件の場合では、最大の損失は、オンエアをして販売をしたあとに、違反商品と判明した場合の損失です。たとえば、回収にかかる損失だけではなく、会社の信用の失墜など取り返しのつかない損失が予想されます。

逆に、オンエアしない場合は売上の損失や、今後の営業戦略に影響はあるものの、上記の損失に比べればマイナスは小さく、ミニマックスの論理が通用します。

このケースでは、根拠に乏しい中での意思決定ですので、ミニマックスの選択肢1を選ぶのもリーダーの決断ではないでしょうか。

よく本当のインバスケットに挑戦していただいたときに、あまりにも情報が少ないと嘆かれる方もいます。しかし、よく考えていただきたいのです。情報が揃っていない、難しい意思決定だからこそ、あなたがやらなければならないということを。

鳥原の選択 1

E-2 全会一致の会議を覆せるか ～最初に行うべき意思決定～

やれやれ、なんとか他の商品に差し替えできたが、やはり大日本ダイエット工業は怪しい会社だった。いつも、俺って脇が甘いな。今回の件を含めて反省しなくては……。まあ、しかし、前向きに、大事に至らなかったことを喜ぼう。ただ、この空いた穴を何とかしなければ――。

インバスケットE-2

前回、オンエア直前に、販売予定のサプリメント商品の仕入れ先に薬事法違反の疑いが発生したため、あなたはとっさの判断でオンエアを中止し別の商品に切り替えました。

その判断で会社は大きな損失のリスクを回避することができました。

ただ、あなたの部署の売上・利益は、このままでは計画を達成することは難しくなりました。おまけに、来週のオンエアも販売停止したサプリメントを予定していたので、来週のオンエアに向けて、新たな商品を考えなければなりません。

すぐに対策会議をし、企画メンバーの部下に立案するように指示をしたところ、部下の一人から、今流行の保湿成分が配合されたハンドクリームを販売したいと案が出されました。会議に同席した他の企画メンバーからも、

「私の経験上から売れると思います。代案もありませんし、その商品で行きましょう」

「今大人気ですし、わが社では初めての販売で、今後の商品戦略にもなると思います」

などと前向きな意見が出て、企画メンバー全員の意見は一致したようです。

さて、あなたは意思決定を迫られました。あなたの意思決定は？

1 全員の意見が一致したので賛成し進めさせる

2 次週のオンエアもキャンセルし、態勢を立て直す

3 一旦、保留にして、他に案がないか模索する

4 売れる根拠がないので却下する

解説E－2

判断をしない判断

この問題に関しては、7割以上の人が選択肢3を選び、2割の人が選択肢2を選びました。

先ほどの項でも申し上げたように、意思決定のポイントは、まず意思決定をするべきかを判断するべきなのです。前回のケースと違い、今回はまだ意思決定までに余裕があります。その上での意思決定がポイントなのです。

選択肢1の意思決定は部下の判断を尊重したとも言えますが、それをそのまま承認するのなら、十分な意思決定とは言えません。

選択肢2の意思決定は明確な戦略的意思決定です。ただキャンセルを今判断しなくてはならない理由や根拠が明確でないと、リスクのある意思決定とも言えます。

選択肢3はよりよい判断をするために更に情報収集をするという意味が含まれています。

選択肢4は拒否ですが、これも早急に意思決定を行っている気配があります。

インバスケット的に管理者の意思決定プロセス、つまり今すぐに意思決定をしなければならないのかという観点で考えると選択肢3の意思決定が妥当です。

意思決定とは必ずしも、可否を判断するべきものではなく、判断をしないという判断も、立派な意思決定だと考えましょう。

意思決定には可否以外に、「保留」「延期」「条件付き承認」「一任」、時には「無視」という意思決定も含まれます。リーダーの意思決定には重要なものが含まれ、その反面、意思決定をするのに必要な情報が少ない場合が多いものです。だからこそ、保留や延期などで、より確実な判断をするための情報を集めることが求められるのです。

ただし、考えなくてはいけないのは、保留や延期をしながら、判断に必要な情報収集を行っていないケースです。これは「先送り」と言い、これはリーダーにとって評価できない意思決定です。「先送り」ならば、今判断しても、後で判断しても、判断材料は変わりませんので意味がないからです。リーダーは常に精度の高い判断をするためには、何をするべきかを考えなくてはなりません。すぐに判断するのが決して素晴らしいリーダーではないのです。

鳥原の選択 3

Ｅ－３　足りない予算と人員をどうするか　〜やめる決断〜

やれやれ、「亀の甲石鹸」もようやく売上が下げ止まったが、部長から言われた通りに、次の稼ぎ頭も育てる必要がありそうだ。その商品が「銀杏石鹸」、しかしこの色、本当に銀杏みたいな黄金色だが、これ石鹸に見えないな。まあ、隠れ売れ筋だから知名度を上げると売れるかもな……。

インバスケットＥ－３

あなたは「銀杏石鹸」を次の売れ筋商品に育てると決めました。

そして上司から承認を得て、首都圏の駅やデパートなどでこの商品のＰＲイベントを行い、知名度アップすることがあなたのミッションとなりました。

しかし現在の進捗はあまり芳しくなく、上司からもＰＲ不足だと指摘されています。そのようななか、部下や広告代理店からいくつかのアイデアが出され、あなたは藁をもつかむ思いで企画を進めていました。

一方で、人数不足と予算も足りなくなる恐れがあり、あなたは悩んでいます。

現在進行中の企画は次の通りです。

あなたがこれらの企画の最終決裁権を持っています。

Ａ案　従来から行っている駅前イベント。効果はそれほどないが、約７年継続して行っている

Ｂ案　新規で別の県とコラボして行う斬新なイベント。効果はやってみないとわからない

Ｃ案　従来から行っているデパートのイベント。安定的な効果はみられる

Ｄ案　新規でスタッフから熱望されている、ゆるキャラを使った大型ショッピングセンターのイベント。効果はやってみないとわからない

これらを踏まえて、あなたはどうしますか？　次の選択肢から選んでください。

1 AとCは実施。BとDは見送り
2 基本はすべて行う。予算と人員は調整する
3 あくまで予算内運用ですべて行う
4 B・C・Dは実施し、Aはやめる

解説E－3

リーダーがすべきこと

「やめるという決断ができているか」

この決断は難しいですよね。

しかし、難しいからこそしなければならないのがリーダー職の「やめる」決断です。取締役や経営層などを「エグゼクティブ」と言います。エグゼクティブとは「エグゼキューション」に語源があるようです。この言葉には「やめる決断をする」意味もあったようです。

企業のマネジメントにかかわる人は、新しく何かを始める決断より、むしろやめる決断をする役職であると、この言葉は教えてくれています。

新しく加える決断より、やめる決断は10倍以上高度で重要な意味を持つからです。

特に、「今まで成果を上げてきた仕組みをやめる」という決断は誰にでもできるものではありません。

誰にでもできる決断ではないから、リーダーが決断するべきことなのです。

何かをやめる決断をする

この決断は日常業務ではマイナスのイメージでとらえられることがあるようです。

しかし、それはちがいます。

ご存じでしょうか。戦略の基本は「選択と集中」です。限られた資源を、最適な投資先に集中投下し、最大の効果を得ることが望まれているのです。

もちろんやめる決断には、論理的な根拠が必要です。いたずらにその場の気分でやめる決断をするのとは違います。またやめることでどのような影響が出るのかも予測しておくべきです。

今回の案件はどの企画をやめるかという決断ですが、つい、今まで継続されたことは、踏襲して続けたくなるのが人情というものです。しかしリーダーは従来の仕組みの問題点や、現状の体制を客観的に見て作り直すということも必要です。

「作り直し」という決断は、何かをやめるという決断でもあります。

時としてやめるという決断は部下に不安を与えたり、マイナスにとらえられたりするのかもしれませんが、それを恐れるのではなく、部下に納得させた上でやめてみるという決断をしてください。

現状の仕組みに無理・無駄・ムラがないか。もしくは、その仕組みをやめることによってどのような影響が出るのか。

それを検証させる指示を出すのも管理者として必要な手法でしょう。

新しいことをやるときは、それ以上に継続してきたことをやめることが必要です。やめる決断を決して恐れないでください。

鳥原の選択　1か4

E-4 出張直前に届いた内容証明

〜保留と先送り〜

やれやれ、またトラブルか……。
出張前に1通の封書が。しかも内容証明付きでやってきた。まあ、面倒な送り方をするものだ。送り主はある化粧品会社、どうやら、俺が手掛けた化粧液「朝のしずく」が、この会社の「秋のしずく」という商品に似ていることに対するクレームらしい。まあ、よくあることだが……。

インバスケットE-4

あなたのもとに1通の内容証明付き封書が送られてきました。差出人は小さな化粧品会社です。内容は、あなたがプロデュースした商品とこの会社の商品の商品名やパッケージが酷似しており、見解を書面で聞きたいとのことでした。

期日は5日後となっており、あなたは今から2泊で出張に出かけるところです。

あなたはどのような行動を取りますか?

1 今すぐ対応する時間がないので、上司に報告だけ入れて帰ってから処理する
2 部下に事実確認を指示し、書面返信案を考えさせて、帰ってきてから処理する
3 自分自身が対応するべき案件なので、出張中にどうするかを考えておく
4 一大事なので、出張をキャンセルしすぐに対応する

解説E-4

保留と先送りの違い

前項までは判断のタイミングでしたが、今回は保留と先送りの違いについて解説します。

意思決定まで時間があり、さらに良い意思決定を行うために判断のタイミングを先に延ばすことを「保留」と言います。

この保留ですが、よく「先送り」と混同して使われることが多いので、この区分けをお

話しします。

「保留」とは先ほど申し上げた通り、より良い判断をするための時期を延ばす行動です。したがって、次の判断の時期までに情報を集めたり、組織を形成したり、部下に対策のたたき台を作らせるなどの、より判断の精度を高めるための行動が付随していなければ、保留とは言わず、「先送り」となるのです。

「先送り」は、単に判断を先延ばししているだけで、一切の問題解決行動が止まっている状態です。これでは、今判断しても、後で判断しても同じですので全く意味がありません。

時に人は厄介な問題についての意思決定を避けることがあります。

その際も、安易に「後ほど処理をする」や「一旦、保留」などの言葉を使います。

これはインバスケット的には評価される行動ではなく、逆に、処理しなければならない問題を先送りする行動特性があるとも言えるため、管理職としては少し課題があると考えます。

私は関西人ですが、関西弁で「考えておく」という言葉を聞かれたことはないでしょうか。これは実際に熟慮するという意味ではなく、ほとんど拒否に近い言葉であり、何かの進展があることはほとんどありません。先送りも同じイメージです。

一方、保留は先の判断に備え、良い判断を行うための行動を伴う意思決定なのです。

このように、判断を延ばした場合に、少しでも情報を集めるなどの行動によって、問題解決行動につながるようにする。ほんの少しの行動が先送りを保留という意思決定行動に変えるのです。

鳥原の選択 2

E-5　出張中に大事なアポを思い出した　～延期～

やれやれ、本当にどうして出張前などの立て込んでいるときに限ってトラブルは起きるのだろう。うん、携帯が鳴っている。なんだ、宇ノ気からメールか。俺はあっ、しまった。明日、健康食品推進協議会が業界紙の取材に来るんだった。俺の作った「黒ゴマエキスで犬元気」の取材だ。まったく、最近のペットは俺よりはるかにいいもの食ってるよな。それはそうと、どうするか……。

インバスケットE-5

あなたは現在出張中です。ところが、明日、業界紙の取材を受けることになっていたのを今思い出しました。

取材のテーマはあなたが作った「黒ゴマエキスで犬元気」という犬向けの健康食品の発案のきっかけ、コンセプトや企画、そして売れ行き動向などです。

あなたはどのように対応しますか?

1 業界紙担当者に電話を入れ、日程の延期をお願いする。もし延期できないときは、部下に対応させ、問答集を用意する

2 出張を中止し、すぐに戻り取材に対応する。出張のスケジュールはすべてキャンセルする

3 業界担当者に電話を入れ、理由を話して延期のお願いをする。延期の日程までに資料を用意し、対応を万全にする

4 上司である部長に代わりに対応してもらう。念のため、部下も一人同席させる

解説E-5

延期とはより良い判断のためのもの

前回の保留に続き、今回は「延期」についてこのケースを交えて考えて行きましょう。

すでに決まっている意思決定のタイミングや解決行動の日程を延ばすことを延期と言います。先ほど、保留の解説でもお話ししましたが、この延期もややもすると、「先送り」と混合して使われます。

本来「延期」は決められた期日で十分な判断ができないときに使われる意思決定です。

ですから、延期するということは、より良い判断を行う時間ができたと考え、情報収集やチーム形成、討議などの行動が伴うべきです。

これがなければ先送りになります。

さらに延期の意思決定を行う際には、もう一つ行動が必要です。

それは**延期できない場合のリカバリー策**です。

延期は、こちらが下している意思決定ですので、受け手の状況を考えない決定です。

たとえば、あなたが取引先と待ち合わせをしているとします。すでに後輩は現地に到着していて、あなたが電車の遅延で15分遅れるとします。

後輩に指示を出す場合も同じです。

「あと15分待ってもらってくれ」

と指示を出すのか、

「あと15分待ってもらうか、それが無理なら明日再度伺いたいと言ってくれ」
と指示を出すのかの違いです。

この延期できなかった場合の対策をリカバリー策と言います。
ここまでできて「延期」という意思決定は成り立つのです。

鳥原の選択 1

E－6　部下の人事で上役と食い違い　～自分の意見～

やれやれ、また始まった。部長の思い込みは困ったものだ。
吉本は確かに慎重で融通が利かない点はあるが、一つのことを任せると必ずやり遂げる。それと引き換え、宇ノ気は確かに目立つし、てきぱきと物事をこなすのだが、スタンドプレーが多く慎重さに欠ける。このプロジェクトは慎重に進めるべきなので吉本をリーダーに薦めたのだが、部長は宇ノ気がいいと……。

インバスケットE－6

あるプロジェクトのリーダーにあなたは部下の吉本を推薦しましたが、あなたの上司である部長は「吉本では頼りない。よく頑張っている宇ノ気にしてはどうか」と意見されました。吉本は以前、部長と販売戦略について考えが合わず、それ以来部長は吉本を毛嫌いしているようです。

このままでは吉本はこれからもリーダーを任せてもらえないかもしれません。一方あなたは吉本をリーダーに推薦したと本人にもすでに伝えています。

しかし、部長の意見も必ずしも間違っているとは言えず、あなたは悩んでいます。

あなたなら部長にどのように対応しますか。

1 ここは部長の意見を採用して宇ノ気にリーダーを任せる。吉本にはモチベーションが落ちないように配慮し励ます

2 この件は部長に任せる。吉本にも部長から話をしてもらう

3 吉本へ部長に直接プレゼンをして実力を認めてもらうように指示する

4 吉本を推薦した理由を説明し、責任は自分が負うのでやらせてほしいと具申する

解説E－6

意思決定と伝えることは違う

組織に属している以上、上司の指示に従い、自らに何が求められているかを知って、それを遂行することは大事です。ただ、自分の意見を表明もせずに、指示に従うことがリーダーの仕事だと思っているのであればそれは大間違いです。

インバスケットにおいての意思決定では、**相手の意見に対して自分の意見を毅然として伝える行動は評価されます。**

このケースでは自分の決定に対して、他者が異論を唱えているのであれば、上司であっても自らの意見を毅然と相手に伝える行動はとりたいものです。

この行動は「自らの考えを表明する」という単純な行動ですが、時として自分の意見に自信がなかったり、無用な議論を避けたりして、あえて表明しないという方が多いのです。

ただ、それはリーダーとして自らの意思決定を放置するのと同じです。

いくら良い意思決定をしても、それを相手に伝える行動がとれないのはリーダーとして課題が残るのです。

ただし、その前提としては自らの意思決定が論理的で、全体の流れと整合性があるのは言うまでもありません。これは相手を打ち負かすという意味ではありません。自らの意見を相手に毅然とした態度で伝える。この行動は放棄しないでほしいのです。

したがって、自分の意思を毅然と相手に伝えているという点から、私は選択肢4を大いに評価したいです。

鳥原の選択　4

E－7　社員が会社批判のブログを書いている　～対策のリスク～

「はい、わかりました。至急調べます」

やれやれ、また厄介な……。これか、なんだこれは！　うちの会社って丸わかりじゃないか？　こいつはひどい。ん、これは俺があいつに言ったこと……。まさかあいつが。

インバスケットE－7

あなたは総務部長から次のような依頼を受けました。

「君の部下の一人がブログで会社批判の書き込みをしているようだ。調べて、然るべき対応をしてほしい」

あなたは問題のブログを確認し、その内容から書き込みをしているのが部下の飯田であることを確信しました。そこには、

「うちの会社は従業員を機械のように扱っている。これは社長の利益第一主義が原因だ。従業員は使い捨て。そのうち顧客にも見放され、会社が存続することはないだろう」

などと痛烈な批判が記されています。

会社の実名は出されていませんが、特定するのが容易な記述が多数みられました。

あなたの上司である部長は、本日から1週間不在で相談できません。

あなたは管理者としてどのような行動をとりますか？

1 飯田と面談し、業務指示として即刻、該当記事の削除を命じる。従わない場合には会社として法的措置も検討する用意もあることを伝える

2 業務時間外の行動であるため直接的な指導は避ける。ただ、放置もできないので、彼のブログにこのような誹謗中傷はやめるように第三者として書き込みを行う

3 すぐにブログの管理会社に連絡してブログの削除を依頼する。飯田については会社の信用を著しく傷つけたことから、厳正なる処分の検討を通達する

4 飯田と飲みに行き、不平不満を聞く。彼の本音を十分に分析した上で、1週間上司を待ち、自分の意見を具申する。彼の不満を聞くことで彼が自主的に記事を削除する可能性があるからである

解説E-7

対策立案の前提

さて、あなたはどの選択肢を選ばれましたか。非常に難しい判断ですね。

このようなときに規則などがあれば、判断がしやすくなるのですが、このような拠り所のない難しい判断こそリーダーの腕の見せどころです。

さて、このケースで問題点を洗い出すと、

①企業の信用失墜
②書き込みをしていると思われる飯田の仕事への姿勢

企業信用失墜の問題は、現在も被害が拡大しているという点からも、至急、対策立案が必要になります。

この時点で、1週間後の上司が帰って来るのを待つ選択肢4はふさわしくありません。被害を最小限にする方法を考えます。だからと言って、すぐに削除という手段に行くのは早急な判断です。

前提としては、プライベートな時間に作ったブログであり、それを削除するというリスクも考えなければなりません。これを「**対策立案の前提**」と言います。

この前提条件を踏まえた上で、まずしなければならないのは、ブログからその書き込みが消えることであるので、実現性と確実性のある対策が必要になります。

一番シンプルな解決策は書いた本人が消すことです。

とはいえ、自分が飯田のブログにこんな書き込みはやめるように、と書き込みをしても、対処の難易度は低くても結果の実現性に問題が残ります。

飯田にブログの書き込みを確実に消させる方法を考えます。

この場合、管理者としては、先ほど挙げた①、②の二つの問題点は各々別のものとして考える方法もあります。

会社の信用失墜は組織活動の大きなリスクとなっています。したがって、組織防衛の観点から飯田に対して書き込みを消すように業務命令をすることが、誹謗中傷の書き込みを削除する確実な対策であると言えます。

訴訟にまで言及する必要があるのかとおっしゃる方もいるのですが、勤務時間外とは言え、会社の信用を失墜させる行為は組織に属する人間としてあってはならない行為です。業務命令の目的をより確実に実行するために、会社としての対処姿勢を毅然として示す必要があります。

組織の運営に障害を与えるメンバーに対しては厳しく対処し、確実に会社の信用失墜を防ぐのです。飯田の姿勢の改善や処罰は、その後に対処して本質的な解決に導く形が望ましいでしょう。

選択肢4の方法を選ばれた方も多いと思いますが、これはいわゆる日本人的解決法です。

和を重んじて飯田の姿勢を改善することで、会社の信用失墜をなくすという判断です。

これは問題の原点から改善する方法で悪い方法ではありませんが、これは先ほど述べた、緊急度と重要度の観点において上司が帰ってきてから意見を具申するという判断に再考の余地があるでしょう。つまり1週間、会社の信用が失墜している状態が続くリスクを考えていただきたいのです。

この項では、早急な判断には落とし穴があることを知った上で、前提としてどのような条件があるのかをまず考えていただきたいのです。

E－8　宙ぶらりん案件をどうするか　～将来のリスク～

やれやれ、だから言ったのに、宇ノ気はなにも手を打っていなかったのか。まったく。あの看板を設置している広告代理店がそのまま倒産して、取り外しにも金がかかるとか……。宇ノ気に定期的に確認しておけと言ったのに。もっとも、俺も確認してなかったのが悪かったのだが……。

インバスケットE－8

お客様からの投書が会社に届きました。直営店の2キロほど離れた交差点に設置している看板が老朽化しているので危険ではないかとのことでした。

あなたが実際に現場を見に行くと交差点の角のビルに取り付けられている看板は錆びつ

いて、いくつかのボルトも外れているようです。もし落下すると通行人にあたるかもしれません。

あなたはどのような判断をしますか？

1 まずは取り外すための見積もりを取る
2 危険なのですぐに撤去の指示を業者に行う
3 今すぐに対応する必要がないので、しばらく静観する
4 取り外した上で、取り外したときの影響がないかを各部署に調査する

解説E－8

新しいリスクを考える

新しい対策を立案したときは、必ず新しいリスクが発生する。

これは対策立案の原則です。**対策を実施するということは、それによって発生するリスクにも配慮し、責任も負わなければならないということです。**

たとえば、このケースですと、外れて落下し事故になるリスクを防ぐために、取り外す

という対策を講じるところまでは良いとします。

しかし、看板を取り外すということは、今まであったものをなくすことですので、なくなることで困る人やトラブルが起こる可能性があるのです。

その看板を見て直営店に来ていたお客様が道に迷うというリスクもありますし、何かのパンフレットに目印として掲載されていれば、その対応も必要になります。

対策はすぐに実行することが求められている場合も多いのですが、一方で第三者として対策を行うことでどのようなリスクが起きるのかを想定し、そのリスクを最小化することが必要です。

対策立案のプロセス

対策立案のプロセスで考えてみると、

対策を立てる→すぐに実行

これが多くの方がとられる対策実行のパターンです。

そこで今回、もう一つプロセスを加えます。

対策を立てる→対策の効果とリスクを考える→すぐに実行する

リスクを考える行動を、対策の効果を最大化する行動と私は呼んでいます。対策を実施する効果を最大化するためにと、対策を実施した際のリスクを極力減らすという行動です。ちなみに、対策の効果を最大化する行動として、「対策の比較」が挙げられます。

対策の比較とは、複数の対策を比較し一番効果の高い対策を採用したり、お互いの対策を掛け合わせたりし、最大の効果を出す対策を立案することです。

対策を立てることだけが対策立案力ではなく、考えた対策の効果を最大化することが本当の対策立案力なのです。

F　洞察力

F－1 他部署を立てて自部署は引くか 〜全体最適〜

やれやれ。全く部長もあいつに乗せられちゃって。まあ、部長の立場もわからないでもないが……。
でも、この枠を譲ると、うちの部署の売上やそもそもそのために仕入れた商品をどうするか……。まあ、そこまで部長は考えてないもんな——。

インバスケットF－1

あなたは来週のオンエアに向けて準備をしていましたが、部長からこのようにお願いをされました。

「稲葉課長、申し訳ないが、来週のオンエア枠を営業二課に譲ってもらえないか？　実は、今話題の幻のカニ『ミンクカニ』の仕入れに営業二課新井課長が成功したんだ。生で売りたいから悪いがここは譲ってくれ、営業部の売上達成にかかっている」

そう言われましたが、あなたも来週のオンエアに向けて長い期間企画を詰めてきて、営業二課のマイナスを取り返すべく、あなたの営業一課も今月の売上達成に向けて課員が総力を挙げて努力しました。

売上予想はミンクカニが1000万円、あなたの企画は500万円です。

あなたならどう判断しますか？

1 部長に今までの自分たちの努力の経緯を話して、理解してもらう

2 枠すべては譲れないが、一部なら検討すると告げる

3 売上規模からいっても営業二課に今回は譲る。部下には事情を話して理解を求める

4 部長に抗議する。どうしても営業二課に譲るのであれば、今回の損失の補てんの約束をもらう

解説F－1

全体最適と部分最適

管理者は任せられた領域のマネジメントを行い、部下やその他資源を使って目標を達成し、成果を残さなければなりません。しかし、管理者はもう一つ目を持たなければなりません。それがいわゆる「全体最適」な考え方です。

全体最適とは部分の利益より、全体の利益を優先として考えることで、一つ高い立場で俯瞰的に考えることができないと、この発想はできてきません。

この考え方は、管理者として持つべき考え方です。

しかし、実際には自部署、もしくは自分の利益を優先して仕事を進めたり、全体の流れを無視して行動するなどが起きているのが現状です。

「では俺のとこはどうなってもいいのか？」

このような言葉を私もよく聞きました。

このような考え方を「部分最適」と言います。

部分最適とは、各部門が計画通り目標や機能を達成することであり、責任者として課せられている大きな責任です。各部門が計画通り目標や機能を達成することで、全体の目標を達成することができると言えますので、この考えも必要です。

中には自分一人、もしくは自分の部署くらい……と「誤った全体最適」の考え方をする人がいます。これも管理者にはあってはならない考え方です。

それに対して全体最適はあなた一人、あなたの部署だけが好成績をあげても、全体が良くなければ意味をなさないということです。

部分の利益より全体の利益の方が大事だという考え方を持ちながら、案件処理を進めなくてはなりません。

自部署の不利益を納得させられるか

全体最適の考え方は非常に難しい判断を伴います。

つまり、時には自部署の不利益になる場合でも、全体の利益を考えて判断をしなければならないからです。

だからこそ、管理者やリーダーになると大局的な立場からの視点と、部下が「この人が言うなら仕方がない」と思わせる信頼が必要です。

全体的な流れを考えて、組織全体のメリットを判断するのです。

そのためには、常に組織全体を俯瞰的にとらえる感覚を研ぎ澄ます必要があります。常に会社全体の状況や、動きに敏感になり、自部署をその中の一部と見るような習慣をつけると良いでしょう。

鳥原の選択 3

F−2　ライバルとの価格競争を命じられたが　〜戦略的な考え方〜

やれやれ、業界最大手でうちのライバルのツーハンツーが発売した激安ダイエットオイルが大ヒットしているからって、とってつけたようにもっと安く売れって……。まあ、いつも先をこされているから悔しいが、さてどうしたものか？

インバスケットF−2

あなたは上司の部長から、「ライバル会社の出した激安ダイエットオイルよりも価格を下回るダイエットオイルを至急販売するように」と指示を出されました。

あなたは同様のダイエットオイルを「キュアミンク」というブランドで販売しており、ライバル社と同じ価格で販売することもできます。もともと「キュアミンク」は高級ブランドとして販売しているので利幅も大きく、たとえライバル社の価格を下回る価格設定をしても、赤字にはなりません。

あなたならどのように対応しますか?

1 期間限定でキュアミンクブランドをライバル社より下回る価格で販売する
2 販売しない。静観する
3 別ブランドで低価格ブランドを作り、対抗する
4 価格は下げられないので、もう一つおまけをつける

解説F-2

戦略と戦術の使い分け

「戦略」とは目的を設定し、それを実現するストーリーを考えることです。

一方、「戦術」という言葉もあります。戦術は戦略を実行する手段です。

戦略の大きな目的は、これから先も相手よりずっと優位な立場に立ち続けることです。

ですから、目先の問題を解決すること、または目標を達成することは戦略的とは言いま

せん。

たとえば赤字を削減するためにコピー用紙の使用を制限するとします。この場合は赤字を削減することが「目的」だとすると、コピー用紙の使用制限は「手段」です。

しかし、時にコピー用紙の使用を制限するために、人手をかけて書き写したり、売上を立てるために必要な資料をコピーせず商談をしたりすると、結果的に赤字が増えるという本末転倒の事象も実際の職場でよく起きています。

つまり、戦略とは目的があり、戦術はそのストーリーの中での手段であることを理解しなければなりません。

今回のケースのように、ライバル会社が安い商品を販売したからと言って、目先の対策を考えて、本来高級ブランドである「キュアミンク」を安売りするという手段は、戦略的ではありません。

仮に、その対策が功を奏したとしても、今後もライバル社に対して継続的に優位な立場に立ち続けることはできないでしょう。

ですから、目的を立て、それを実現するストーリーを考えることが大事です。

たとえば、これからもライバル社の低価格商品に対抗するのであれば、継続的に戦える仕組みを作るべきです。

この選択肢からは「静観する」のも間違っていませんが、もう一歩進んで「戦略的なブランド構築を目指す」。

これが戦略的なリーダーの決断ではないでしょうか？

鳥原の選択 3

F-3 とにかく安い商品を作れ 〜全体を見て判断する〜

やれやれ、全く戦略思考のない方だ。あれほどキュアミンクブランドは高級ブランドだと説明しても納得がいかない。しかも意固地になって来週までに相手より安いダイエットオイルを仕入れてでも販売開始しろって……。俺の説明の仕方が悪かったのか？

インバスケットF-3

あなたは、部長から他社の販売したダイエットオイルより価格が下回る同等の商品を来週中に販売できる状態にするように指示を受けました。そこで、あなたは部下を通じてあらゆる業者に当たり、部下から以下の提案を受けました。

あなたはどのような判断をしますか？

1 キュアミンクブランドのダイエットオイル（自社製）の価格を下げる
2 掘り出し物のダイエットオイル（大日本ダイエット工業製）を原価ぎりぎりで販売する
3 市場に出回っているダイエットオイル（大手健康食品会社製）を損失覚悟で販売する
4 市場に出回っているダイエットオイル（大手健康食品会社製）を工場で薄めて、再パッケージして価格を下げて販売する

解説F－3

すべての事象は関係しあっている

洞察力には、全体の流れや他の案件からの情報を含めて俯瞰的に判断をすることも含まれています。特に本当のインバスケットではすべての案件が何らかの形で関連し合っています。

最初に案件処理した判断が、後の案件により覆る。これは当たり前です。

しかし、全体を見ることのできない方は、一つひとつの案件に没頭する判断、つまり関

連性をつかめず、全体から見れば整合性のつかない判断や誤った判断をしてしまうのです。

今回のケースでは、まず気をつけてほしいのが「大日本ダイエット工業」というキーワードです。以前の案件で、大日本ダイエット工業には保健所の立ち入りがあったとの情報があります。

この情報と組み合わせると、大日本ダイエット工業製品を使うことにリスクが発生するので、この選択肢は洞察力としては評価できません。もちろん、そのリスクに気がついていながらあえてこの選択肢を選んだのであれば、話は別ですが。


次に自社ブランドを値下げして販売する。これも先の問題で戦略上再考の余地がある選択肢ですので、これも今までの流れから選択はしません。

あとは大手製品を原価割れで販売するか、それとも薄めて販売するかです。

これまでの案件で会社の信用にかかわるトラブルが起きていることから、製品リスクのあるものを販売するより、損失をできるだけ抑える限定数量での原価を割っての販売を行うべきだと思います。


あなたの職場で起きている問題や事象もすべて関係し合っている、ということを常に頭

に思い浮かべながら、判断をしてください。そうすれば、洞察力を発揮した判断ができるはずです。

鳥原の選択 3

G　組織活用力

G－1 自分がリーダーの会合に出られない ～組織を作り上げる～

やれやれ、またトラブルか。鹿児島まで今から飛ばなければならない。なんだって、いつも忙しいときにこんなトラブルが起きるんだ。マイルと共に俺のストレスもたまるばかりじゃないか。しかし、あの会合どうしよう……。

インバスケットG－1

あなたは会社のあるプロジェクトリーダーになりました。
あなたがリーダーで本社から5名、全国の支店から7名が選出されています。
相談役としてあなたの上司がオブザーバーとして参加しています。
第1回の会合で、次回の会合で各部署の問題点を洗い出して発表してもらうことを決めました。その上で、統一した課題を抽出しようと考えたのです。

さて、第2回会合を翌日に控えた今日、あなたは兼務している仕事上のトラブルがあり、緊急に鹿児島に行かなければならなくなりました。しかし、プロジェクトの会合もリーダー不在では、各部署の文句の出し合いに終わる可能性もあります。あなたならどうしますか。

あなたの判断に一番近い選択肢を選んでください。

1 プロジェクトの会合を延期する
2 オブザーバーである上司に出席を依頼する
3 仕事上のトラブルの対処を上司に依頼し、自分はプロジェクト会合に参加する
4 プロジェクトのメンバーからサブリーダーを選出し、彼に委任する

解説G－1
組織を維持する重要性
この問題は難しかったのか、回答比率は結構割れました。

❶プロジェクトの会合を延期する　14・9%
❷オブザーバーである上司に出席を依頼する　29・8%
❸仕事上のトラブルの対処を上司に依頼し、自分はプロジェクト会合に参加する　6・1%
❹プロジェクトのメンバーからサブリーダーを選出し、彼に委任する　49・1%

という結果になりました。

この案件のポイントは「リーダーとして組織を作る」ということです。

メンバーを集めて組織を作ることを「組織化」と言います。組織化と言うと難しく聞こえるかもしれませんが、自分の代行者を指名することも立派な組織化の一つです。

リーダーの重要な任務の一つとして、組織を維持することが挙げられます。

たとえば、リーダーが不在になると組織が正常に運営できなくなることを避ける行動もこれに入ります。

だからこそ、**リーダーは自分が不在のときは代理者を作り、組織運営が安定して行われるようにしなければならないのです。**

もちろん、上司に依頼するという方法も間違っていません。ですが、これからも同様のケースが起きることが予想されますから、長期的な対策として代理者を作るなどの組織化は必要です。

つまり、組織活用力のある組織形成という観点からは4の選択肢を選びたいです。

今回のケースは代理を置くというポイントですが、リーダーがもっと力を入れなければならないものがあります。それは自分の後継者を作り上げることです。

あなたがリーダーを退くときに、自分の後任がいないということは組織として大きなリスクです。

よく後継者不足と言いますが、それは不足ではなく、育てなかった「つけが回ってきた」と言えるのです。

鳥原の選択 4

G－2 他部署のよからぬ噂を聞いてしまった　～具申～

やれやれ、管理職になると聴きたくないようなことが耳に入ってくる。聴いてしまった後はまるで爆弾を抱えているようだ。この爆弾一刻も早く誰かに渡さないと……。いや、爆弾を持っていないふりもあるな。

インバスケットG－2

部下の吉本が、あなたの耳に入れたいことがあると言ってきました。

あなたの隣の部署の営業部営業二課が扱っている羽毛布団の件でした。

吉本が言うには、ベルギー製のフェザー90％の表示であるが、実はベルギー製ではなくロシア製でしかもフェザーは90％ではない可能性があると、同業者から聞いたようです。

あなたも、実はネットでそのメーカーの製品の品質を疑う書き込みを発見し、先日、二課の新井課長に伝えましたが、彼からは「絶対の自信があるので口を挟まないでほしい」と言われました。

あなたならどのように対応しますか?

1 新井課長に再度情報提供する
2 上司の三枝部長に調査を具申する
3 吉本から部長に今回の件を報告させる
4 他部署なので職域を犯すことになるので静観する

解説G-2

組織図のレポートライン

「上司に他部署の良くない情報を入れる」という行動に躊躇される方が多いのではないでしょうか。告げ口のようですよね。

しかし、組織の一員として組織にとってリスクがあることを知っていて、何も行動しないということは、たとえあなたの範疇外であったとしても許される行動ではないのです。

このケースでは**行動することのリスクよりも、行動しないことのリスクを大きくとらえていただきたいのです。**

では、リスクを知って行動する場合にどのような行動をするべきでしょうか。

自分自身で新井課長に情報提供してもあまり効果がなかったという前提があります。

そのような場合は組織を有効に活用してでもリスクを回避しなければなりません。

組織には組織図が存在するのが通常です。

組織図の主な目的は、指示命令系統の明確化、責任の明確化などのほかに、報告ルートの明確化があります。これを「レポートライン」と言います。

このケースの場合は報告を上げるべき人間は、上司である部長です。

ですから、上司から新井課長に指示を出してもらうのが一番組織としては行動に結びつきやすい解決方法です。

なぜ、あなた自身が新井課長に指示をしてはいけないのか。

それは組織図で説明すると、あなたには直接新井課長に指示をする権限がないからです。

通常、指示命令をする場合は組織図の上位職から下位職にします。あなたと新井課長は同位職ですので、指示をする立場にありませんし、できたとしてもあまり効果がありません。

また、部下に直接報告させるのも、組織図上少し問題があります。

あなたを飛ばして報告に行かせることになり、レポートラインが活用されていません。

ちなみに今回のように上司に進言をすることを、「具申」と言います。

自分の意見や提案が上司を通じたほうが効果的、効率的であるときは、この具申をお勧めします。

鳥原の選択 2

G-3 急に女子高校生向け商品の開発を命じられた ～周りを巻き込む～

やれやれ、専務の気まぐれも困ったものだ。急に女子高校生に受ける健康化粧品を開発しろって言われてもなあ。だいたい、自分の娘が女子高校生だからって、以前も変わったソックスを開発して大失敗したのに……。まあ、部長も微妙な立場だから仕方がないか――。

インバスケットG-3

あなたは上司から、女子高校生をターゲットとした健康化粧品のブランドの立ち上げを指示されました。取り急ぎ、現在の女子高校生の購買スタイルを調査して来週の会議で発表するように、しかも、ネットなどでの情報収集ではなく実際に行動を観察して報告してほしいと上司から言われています。どのように情報を集めますか？

1 自分で計画を組んで、街で女子高校生の行動を観察し記録する
2 実際に観察しないで、ネットなどの情報をまとめて報告する
3 チーム全員に協力してもらって、情報を仕入れる
4 外部業者に依頼して調査させる

解説G－3
いい「丸投げ」の仕方

「部下も忙しそうだ」「自分でやれば早い」

そのような声をよく聞くのが、組織活用力に課題のある受講者の方へフィードバックしたときです。

部下への優しさのあまり、または自力で成果を確実に上げたい気持ちは理解できます。

しかし、リーダーは「個人」としてではなく、「リーダー」として成果を上げることが望まれているので、自分だけがバタバタするのではなく、周りを巻き込んで成果を上げる

ことを意識していただきたいのです。

周りを巻き込むためには、まず自分が率先してその業務を遂行する姿勢を見せなければなりません。ここが部下に丸投げすることと違う点です。

姿勢とは、その業務の必要性を部下に納得いくように説明し、方向性を示すことです。

一人に任せることも大事ですが、複数で処理したほうが成果の上がる場合はチーム全員を巻き込むことが必要です。

巻き込んだ後も、進捗管理をしたり、障害が発生したときはサポート態勢を敷いたりすることを忘れてはいけません。

このように周りを巻き込んで仕事をするのと、丸投げするのは全く違います。

巻き込んで後は放置するのでは、十分組織を活用しているとは言えません。巻き込んでも自分が主体的に案件処理にかかる。この姿勢を忘れてはいけません。

鳥原の選択 3

H　当事者意識

H-1　前任者が残した不良在庫をどうするか　～個人と役割～

やれやれ、あいつも悩んでいるようだ。とても真面目だったが、やはり、どこの業界も大変みたいだな。しかし、自分が失敗したものならともかく、前任者の負の遺産を引き継ぐのはきついよな。あ、俺も人のこと言えない。あの商品何とかしないといけないな……、後任に引き継ぐまでに。

インバスケットH-1

あなたは、友人の錦田《にしきだ》から次のような相談を受けました。
錦田は大手衣料品チェーンの東京地区A店の店長に着任しました。
ところが、前任の店長から引き継ぎを受けていると、大きな問題を抱えていることに気がつきました。もう季節は春になろうとしているのに、冬物のコートが200着ほど在庫として残っているのです。前任者は九州地区へ店長として赴任するので、「店舗運営の負担になるのであれば、自分が新しく着任する店に在庫を振り替えることも考える」と言い残して引き継ぎを終えました。

この200着の在庫は一刻も早く処分しなければ、損害額は膨れあがる一方です。しかし、処分をすることでA店は錦田が着任した初めての月に、赤字になる恐れがあります。つまり彼の責任となるのです。あなたは錦田にどのように助言しますか？

1 錦田はこの件に関与していないので、現在いる従業員で検討させ決めさせる
2 自店で処分を実施する。上司や関係部署には自分の責任で処分を実施する旨を連絡する
3 前任の店長が責任を感じて、在庫を引き取ると言っているので、その言葉に甘えて在庫を九州の店に送る
4 錦田の着任前にこのような問題があり、処分に悩んでいることを上司に報告し、判断を上司にゆだねる

解説H－1

舞台を見ている観客目線

皆さんの回答結果は、選択肢2が42・9%、選択肢4が48・7%と大きく二つに分かれました。

先に申したようにインバスケットに絶対的な正解はないのですが、当事者意識という観点からは選択肢2が評価できます。

それは自分の役職の範囲で当事者として対処しようとしているからです。

選択肢4の「相談」という行為も間違いではありませんが、しかし、自部署で起きている問題を、前任者のしたことだからと上司に判断をゆだねるという行為は、店舗運営の当事者としての意識が足りないのではないでしょうか。

自分が店舗運営の責任者であれば、前任者が残した問題を引き継いで、当事者として判断することが望ましいのです。

もちろん、この不良在庫には直接かかわり合っていませんし、ある意味、被害者なのかもしれません。

しかし、組織での役割という面でみれば、たとえ、**個人が変わっても、役割を受け継いだ人間は、前任者の失敗や負の遺産を引き継いで、その方に代わって任務を全うしなければならないのです。**

「それは前任者のやったことだ」などと言葉に出したくなるのはわかりますが、舞台を見ている観客からすれば、同じ役割であれば同じように演じる必要があるのです。

任せられた範囲で起きたことは、たとえ、あなたが知らないことであっても、主体的に受け止めて処理をする気持ち、これが当事者意識なのです。

鳥原の選択 2

H－2　会社方針が理由のクレーム対応　～案件の受け止め方～

やれやれ、いくらダイエット食だからって通常の倍食事したら、健康どころか不健康になるのはわかるだろう。いくら説明書に書いていないからって、普通に考えればわかると思うぜ、普通は――。

インバスケットH－2

あなたが企画した金魚用ダイエット食品のクレームを消費者から受けたところです。

あるお客様から、飼っていた金魚に、金魚用ダイエット食品を通常の量の倍与えたところ、水槽の水が汚れてそれが原因で死んでしまったとの苦情が寄せられました。

通常の量以上餌を与えると金魚の健康に影響があるかもしれない、と以前の説明書には書いていたのですが、他部署である説明書担当で進めていた全社施策でもあるペーパーレス化によって新しい説明書になり、その項目は削除されました。従来の3分の2のページ数で読みやすく簡素化したのです。これにより年間数百万円のコストダウンになりました。

　しかし、今回のようなお客様の使用方法は例外と考えていたので、説明書には記載しておらず、お客様は説明書の不備が原因だと指摘しています。

　あなたは部下に対応を指示した結果、以下のような対応が部下から示されました。

「今回のトラブルは、当部署で善後策を練りましたが、会社の仕組みの問題であり、わが部署ではどうしようもないことという結論になりました。したがって今回の案件は当部署では対応できない案件ですので、部長には課長からご報告いただけませんか？」

　あなたはどのように対応しますか？

1 今回は仕方がないので自分から部長に報告しておく
2 会社としてコスト削減と顧客満足について調査するよう部長に依頼する
3 自分も参加してもう一度、自部署の対応について討議し善後策を考える
4 報告をしたメンバーのリーダーに対応をすべて任せる

解説Ｈ－２

当事者意識とは何か

当事者意識とは、自らが主体的に問題解決にかかわり、組織や上司から自分は何を求められているかを把握する意識でもあります。

このケースでみると、自部署で起きている問題を他部署や会社に責任を転嫁し、問題の在り所を自部署ではないとみなしていることは、当事者意識という観点から課題があります。自らが課長であれば、課内で起きている問題に主体的にかかわり、判断に関与するべきです。

そのことから、メンバーに任せるというのは、課長として自分が会社から何を求められているのか、十分に把握されていないように見受けられます。

「任せる」という行動は組織活用力の一例としては評価できるのですが、任せる業務が本来課長のするべき仕事であれば、それを任せるということは自らの仕事を放棄するとも取ることができます。

逆に、なんでも自ら解決することは当事者意識ではありません。あくまで、自分のことのように問題に接するべきですが、実際の解決行動は、部下に分担して解決することが望まれます。

この当事者意識、企業から最近注目されており、当社でもこの意識をどのように向上させたらよいのか、というご相談が多く寄せられますが、企業の成長度や風土によって大きく異なります。

急成長している企業では、当事者意識をもつ従業員の割合が比較的多いようです。しかし企業が成熟、停滞期に入っていくと当事者より傍観者意識をもつ従業員が増えるようです。自ら所属する企業や組織に発生している問題も、「誰かがやることで、自らがするべきことではない」という意識が芽生えてきて、この意識がさらに発展すると、当事者意識をもつ従業員の活動の妨害まで行ってきます。企業規模や組織が大きくなるにつれて、自社の問題をどこか違う世界の出来事として認識してしまうことがあるようです。

鳥原の選択 3

H-3 他部署が目標達成に程遠い

〜組織の一員としての自覚〜

やれやれ、今日の会議は暗かったな。なんせ、あの営業二課の幻のカニがまさかの大コケだもんな。部長は専務にコテンパンに言われていたし、営業二課の課長は真っ青になっていた。

専務からは「最初から営業一課に任せておけばこんなことにならなかった」と言われて、まあ、俺は悪い気がしなかったが。それにしてもこれで営業部全体での目標もかなり怪しくなってきた。

インバスケットH-3

あなたは会議に参加しています。

あなたの所属は営業一課ですが、隣の営業二課で当初の見込みより大幅に売上が落ち込む事態になり、その対策を練るために会議が開かれています。

あなたの営業一課は、今月は売上目標を達成できる見込みなのですが、営業部としては売上達成が非常に厳しくなっているようです。

あなたは会議の後どのような行動を取りますか？

1 部長にあまり落ち込まないように慰め、できる限り一課も頑張ると安心させる
2 営業二課課長に売上を上げる秘訣や情報を共有し、営業二課のテコ入れを図る
3 営業一課が売上達成した場合に、人員面で二課を応援する
4 営業一課として営業部のマイナスを加味して、目標を上げることを部下と共有する

解説H－3

自分事と他人事

「当事者意識」とは、会社や組織から自分の役職に何を求められているかを察知し、自部署の方向性を決め行動することも含まれます。

もちろん、自部署の目標達成は会社から求められていることですが、**組織で起きた事象を他人事と受け取らずに、自部署として何ができるのかを考えて行動することも大事です。**

部長を慰めることや、安心させることも大事なのですが、ビジネスですから目標を達成する具体的な行動を取ることがさらに重要です。さらに他の部署への支援も間違っていませんが、組織の危機を受けて自分が何をするのか察知する観点からは、自部署の業績をのばして他部署の損失を埋めるための行動を取りたいところです。

今回のケースでは損失が出たというケースですが、会社の方針が変わったときも同じ意識が必要です。方針変更を漠然と受け取るのではなく、方針を自部署に置き換え、どのような行動が必要なのかを自ら考えて、具体的な行動に落とし込むことです。

私も全スタッフの前で朝礼をします。

その際に私の言った言葉を、自分に置き換えて行動を変えるスタッフがいます。

そのスタッフは会社から何を求められているのかを察知して、組織の一員としてどのような行動をすればよいかを的確につかんでいる、当事者意識のある行動を取ったのです。

I　ヒューマンスキル

Ⅰ－1 自信満々の部下にどう指示するか　～指示の方法～

やれやれ、今日は朝からバタバタしているな。やっと一通り終わったから昼飯行こうか。なんだ、もう2時じゃないか。仕方がない。そばでもさっと食べるか。さて、あっ宇ノ気と目が合ったよ。まいったな。

インバスケットⅠ－1

あなたのもとに部下の宇ノ気が新商品の企画書を自信満々に持ってきました。
あなたはそれを見てこう思いました。
（内容はまあ良いとして、もっとグラフや表などの見栄えを良くして欲しいな……）
宇ノ気は企画書については大いに自信がありそうです。

あなたならどのように宇ノ気に修正を指示しますか。

1「もっとグラフと表の見栄えを良くしてください」
2「この雑なグラフじゃだめだ。もっときれいにしろ」
3「この表の行の色を変えたりしたらどうだろう」
4「宇ノ気はどこか手直しをするところがあると思わないか？」

解説I-1
相手のタイプを見極める

ヒューマンスキルとは対人関係能力のことです。リーダーはいかに素晴らしい問題解決力や意思決定力を発揮しても、対人関係能力がないとメンバーはついてきません。

ヒューマンスキルには、相手に対する配慮やねぎらい、感謝などがあります。

上司と部下の間では、指示や命令する形にもヒューマンスキルが現れます。

指示命令の方法には大きく以下の方法があります。

・依頼タイプ　「……してください、……お願いします」

・命令タイプ　「……せよ、……のこと」

・助言タイプ　「……してはどうかな？」

・問いかけタイプ「どうしたらよいと思う？」

・一任タイプ　「この件は君に任せた」

・募集タイプ　「誰かお願いできないかな？」

これだけ方法があるのにもかかわらず、インバスケットの回答を拝見していると、すべて依頼タイプだったり、命令タイプだったりすることが多いのです。

たとえばこの命令タイプと依頼タイプどちらかを使うとすればどちらがいいのか。

答えはどちらだけではダメです。場面と相手によって使い分けることが望まれるのです。

ちなみに命令タイプはどのようなときに使うのかと言いますと、緊急かつ重要な案件の際や、十分に力を出していない部下や能力値が低く、その案件処理ができない部下にも使います。

では、今回の案件ではいかがでしょうか。

今回のケースでは宇ノ気さんが自信を持っていることから、モチベーションを下げないように修正を指示する必要があります。

ですので、今回は「助言タイプ」もしくは「問いかけタイプ」がいいと思います。

もちろん、依頼タイプでもいいのですが、この助言タイプはモチベーションを下げない効果、そして問いかけタイプは宇ノ気さん自身に考えてもらう、つまり教育的な側面があるのです。

鳥原の選択　3か4

Ⅰ－2 出張直前に深刻な相談を受ける ～人への配慮～

やれやれ、さあ、そろそろ出かけるか。

また飯を食べる暇がないな。まあ、新幹線の中で弁当でも食べるか。新幹線はスマホで予約したし、便利な世の中になったよな。便利と言えば、俺が入社したときはポケベルしかなかったから、それに比べると今は新幹線の中でも仕事できるもんな……。連絡手段も増えたものだ――。

インバスケット――2

あなたは今から京都に1泊で出張に出かけます。準備ができて席を立とうとした瞬間、部下の吉本があなたのもとにやってきてこう言いました。

「課長。あの少し相談があるのですが……」

あなたは内容を確認しましたが、どうやら皆がいる前では話しにくそうなプライベートの悩みのようです。あなたは今すぐに出なければ新幹線に間に合わなくなり商談にも遅れるかもしれません。

あなたなら吉本にどのように声を掛けますか？

1 話を聞きたいが今時間がないので、帰ってきてからゆっくり話をしたい旨を告げる

2 スマホの新幹線予約画面を見せて、今は時間がないことを理解させ、空気を読み相談に来るように告げる

3 出張を取りやめてゆっくり話を聞く

4 取り急ぎ出かけなければならないので、すぐにメールで返信するのでメールで内容を送るように告げる

解説Ⅰ－2

相手は「姿勢」を見ている

部下が思っている以上に上司は忙しいものです。

特に自分のことしか考えない部下は、上司の状況を見ず相談や報告に来ます。

報告連絡相談は密にするようにと言っている手前、邪険に扱うことができずに自分の仕事を置いて話を聞く方も多くいます。

結局自分の仕事はたまる一方……。つらい立場ですね。

しかし、上司は部下の報告連絡相談を受けそれに応える仕事でもあります。

時にはカウンセラーのように部下の相談を受け、必要であれば助言をすることが望まれます。

ただ、業務上時間が取れないような今回のケースでは、**きちんと相談を受ける姿勢を見せることが大事です。**

自分の時間がないことを相手に理解させるよりも、相談を受けたいが時間がないという姿勢が望ましいですし、大事な業務を中止して相談を受ける選択も優先順位設定からすると考慮の余地があるでしょう。

次に相談を受ける手段です。プライベートとはいえ相談ですので、直接話を聞くのが望ましいでしょう。これをコミュニケーションの手段と言います。

たとえば取引先に対してお詫びをするのにメールで簡単に済ませる若手社員の例をよく聞きますが、上司も同じようなことをやっていることがあります。

直接的なコミュニケーション手段か、間接的なコミュニケーション手段をとるかは状況と相手に対する配慮を含めて、検討したいですね。

鳥原の選択 1

I-3 失敗を繰り返す部下をどうするか　～指導のスタンス～

やれやれ、熱いものがあるということはいいことだが、時に行きすぎると暴走する。俺も昔はそういう一面があったのでうらやましいが、宇ノ気は加速がついているような気がする。まあ、今回は俺も珍しく熱くなって指導してしまったな。パワハラと言われなければいいのだが……。

インバスケットI-3

テレビ局より、あなたに電話が入りました。
内容は、部下の宇ノ気が生放送で、製品の性能を誇張して話してしまい、TV局側の判断で訂正のテロップを流したとのことです。実は先週も宇ノ気は同じ失敗をしており、あなたは厳しく指導したばかりです。

宇ノ気はその際に自分の非を認めた上で、「なんとか部署の売上を達成したいがあまり、つい力が入りすぎた」と反省していました。事実、宇ノ気は他の社員より実績を出しており、彼のおかげで先月も売上が達成できた事実もあります。

あなたはどのように指導しますか?

1 同じ失敗をしたこと、そして会社の信用を落としたことに対して厳しく指導する
2 やる気は認めるが、行き過ぎた行動は時として危険であることを諭す
3 社会人としての心構えや宇ノ気の先走る性格は直さなければダメだと指導する
4 二度やったことはまたやるので、当面担当から外し自分で悪いところを気づかせる

解説I-3

パワハラと指導の境目

ヒューマンスキルは対人関係能力ですので、人に対する思いやりや配慮などの優しいイメージがありますが、やってはいけない行動をとった部下や組織を危険に陥れる行動を取

った部下に対しては毅然と叱るなどの指導をすることが求められます。

今回のケースでは同じ失敗を繰り返しており、会社の信用を落とす危険な行動であることから毅然と指導する行動が求められます。

ここで、混同してはいけないのは、**仕事に対するやる気やモチベーションとは切り離して指導することです**。やる気がある結果だから仕方がない、と考え指導を控えるのは、間違った指導方法です。

4の選択肢もビジネスの世界ではよく見かけられる行動かもしれません。

しかし、できないから役職を外すのは、指導する側も精一杯指導した後の行動です。それもしないのに役職を外すという行動は、部下の可能性を否定する行動とも言えます。

さらにパワーハラスメントと勘違いされるので、優しく叱る、これも勘違いです。毅然と指導するのとパワーハラスメントは全く違います。

違う点は、パワーハラスメントはその人の存在そのものや性格、人格を傷つけることであり、毅然と指導する行動は、やってはいけない行動に対して指導することです。

「だからお前はダメなんだよ」

「こんな失敗は子供でもしないぞ」

という言葉を聞かれたことがあるかもしれませんが、これは正しい指導の言葉ではありません。正しい指導はあくまで行動に対して行うべきものだからです。

叱るという行為が好きな人は少ないと思います。

しかし、こう考えてみてはいかがでしょうか。

叱るという行動は、感情をあらわにして大声で相手を追い詰める行動ではなく、相手を救う行動であると。

つまり、パフォーマンスであることと、相手のために叱ることを考えていただければいいと思うのです。

鳥原の選択 **1**

エピローグ

やれやれ、やっと終わった――。

しかし、俺ってひょっとしてバタバタしていることに仕事のやりがいを感じているような気がするな。こう振り返ってみると、なぜこれだけバタバタするんだろう？　これ以上できないほどとは言わないが、それなりに頑張っているし、1週間の仕事のほとんどは余裕がない。この時間ってどんな意味があるんだ。今週もバタバタしている間に過ぎ去り、残されたのは来週する仕事……。

まあ、金曜日の最終前のこの電車に乗っている連中も、同じようなことを考えているか。考えることにも疲れて、首をうなだれて眠りに現実逃避しているか。みんな同じっていうことか。

「あなたは何のために働いているのか」

おっ、なかなかグサッと刺さるキャッチコピーだな。なんだ転職支援企業の車内吊りか。

転職なあ。以前の会社から今の会社に移ったのが6年前。あのころは若かったから決断できたが、今さらこの歳じゃ……それに仕事が変わったからって、やりがいがあって楽で収入の良い仕事なんか本当にあるのかな……。

かといって、このまま歳を取って、会社から白い目で見られだす……。

いやいや、俺はまだまだできるはず。

そうだ。何かやり方が間違っている？

ひょっとして仕事の内容や周りが問題ではなくて、原因は俺の中にあるのか？

プロセスが間違っているから自分がバタバタして、でも前に進まないのか？

俺の仕事の進め方か？　いや、今までこれでやってきてそれなりにやっている。

間違っているとは思えない。

う……、このガラスに映った、脂ぎっているが生気のない俺の顔。何か違う。やはり、原因は俺自身にあるんだ。でも、どこが間違っているんだ。それすらわからない――。

む、インバスケット？　なんじゃこりゃ。スポーツの一種か？

前に座っている白髪のおっさんの後ろの窓の車内広告……なんだ本の広告か。

大手企業の多くで使われているリーダー選抜のための昇格試験……。ふーん、そんな試験があるんだ。

60分で20案件だと……1案件3分！　そんな時間でできるわけないじゃないか。

とんでもない問題だな。

ん、あなたの仕事の進め方のスタイルや判断スタイルが鏡のように映し出される――。

そんなもの見たかないよ……ちょっと、待てよ。でも、俺、どうなんだろう。本当に仕事ができるのか。そう思っているだけじゃないか。そう思うと不安だな……。

よし、俺もまだまだやれる。いや、娘と息子のためにもやらなければならない。インバスケットかあ、やってみるか。忘れそうだから、写メ撮っておくか。

（カチャ）

あ、おっさんがこっち睨んでいる！　目を逸らせ。別にあんたを撮ったわけじゃないよ。

――3カ月後

あ、俺、宇ノ気っす。稲葉課長、いや部長ですか。

今何やら新しい事業の会議だとかで、席をバーンと離れております。

え。課長じゃないかって。ま、まさか、ご存じじゃないっすか。課長、先週、なんと部長にドーンと特進したんですよ。いやあ、俺も寝耳に水ですよ。まさかあの課長がねえ。あ、こんなこと言っちゃやばいかな。

そうそう、相変わらず、「やれやれ」言いながら頑張っていますよ。

でも、俺好きっすね。あのやれやれ。よくないっすか。「やれやれ」言いながらも確実に仕事こなすじゃないですか。俺みたいにバタバタするわけじゃなく。

それに部長の商品を企画するときの目、いいっすねえ。めちゃ真剣じゃないですか。

え？　よく見ているなって？

当たり前でしょ。なんといっても俺たちのボスですからね。

第3章　1割の行動を変えれば成果も変わる

3-1 できていない自分を真摯に見る

「知る」と「アウトプットできる」の違い

いかがでしたでしょうか。ミニインバスケットを実際にトレーニングされてみて。

ほとんどの選択肢が最適解だったと安心されている方もいらっしゃるかもしれませんが、本来のインバスケットは、本書のようにケースが独立しているわけでも、選択肢が用意されているわけでもありません。

ドサッと案件を渡されて、お互いの関連性を考えて優先順位をつけて、自分自身で案件処理を行います。

時には想定外の問題や判断するには情報が足りない、でも判断しなければならない苦しい決断もしなければなりません。

つまり、実際のインバスケット、いや、仕事は選択肢も自分で作らなければならず、たとえ本書で最適解の選択肢を選べたとしても、実際にはなかなか発揮しにくいものです。実際にインバスケット研修で、事前に私の本をお読みになって来られる方も多いのですが、ほとんどの方が読んでみたのと、実際に判断するのは全くと言っていいほど違う、とおっしゃいます。

それほど、**「知る」と「発揮する」、または「応用する」は大きく違うのです。**

このような話があります。士官学校では優秀とされた士官が実際の戦場に立つと、他の兵士の陰に隠れ怯えて指揮に当たれなかったという話です。

平穏で守られている中では、多くの人は「自分はできる」と思うものです。

ですが、実際に想定外のことが起きたときに、その人の本当の実力が出てくるのです。

だから本書のミニインバスケットでほぼ解説通りの選択肢を選べたからといって安心せず、実際に発揮できるのかと、ご自身に仮説を持っていただきたいのです。

そして次のステージのインバスケット・トレーニングに進んでください。

本当のインバスケットは、たとえば60分で20の案件を処理するなど、ビジネスゲームとはいえ過酷な正念場の中で判断することが求められます。

インバスケットではそのような正念場を模擬体験することで、本来の自分の実力や仕事の姿勢を見ることができます。

「自分は仕事ができる」「頭が切れる」「周りから評価されている」と思っている人の多くがインバスケットをされて、それらが根拠のない自信だったことに気がつきます。実は私もその一人でした。

インバスケットは自分自身の仕事を映し出す鏡です。その鏡に映った自分の足りないところを直すことで、仕事の成果が簡単に上がるのです。

本書のミニインバスケットの問題の中で、自分は解説と違った選択肢を選んだ、と思ったのであれば、それが鏡に映ったご自身であり、解説や問題がおかしいと思われるのであれば、それはそれで間違っていませんが、私は、鏡に映ったご自身を直視してほしいと思うのです。

3-2 すべてではなく一部を変える

あなたの9割は変える必要がない

インバスケットの研修で、実際に60分20案件のインバスケットに挑戦された方が時間終了の際に立てられる音はどんな音か想像してみていただけないでしょうか。

やっと終わったというあくびの音でしょうか。楽しかったという笑い声でしょうか。

いいえ、違います。深いため息や悔しがる声です。

実際にその後に、書かれた回答をもとにグループワークを行いますが、さらにご自身の判断の癖や判断に至るプロセスの抜け漏れ、を知ることになります。

これは誰からか指摘されて知るものではありません。自分自身が他のメンバーの意見や考え方を聞いて自分自身で知るのです。

このように、ご自身の判断スタイルについて向き合う研修なのですが、**私は「ほとんどの方が9割は変えなくても良い」と思っています**。多くの方が仕事の成果が出るプロセスが9割できているのです。

インバスケット研修やインバスケットの書籍をお読みの方の多くがすでに実績を残された方であったり、リーダーとしての仕事をされたりしている方が多いので、能力も高く、特に潜在的な知識やスキル、能力は目を見張るものがあります。

9割ほどできていれば多くの方が期待されているレベルの成果を出すことは可能です。しかし、さらに安定的にレベルの高い成果を出そうとするのであれば、プロセスの抜け漏れをなくす必要があるのです。

電車が線路を進んでいて、9割の完成度の線路を走っている状況を想像していただけないでしょうか。線路が一部なければ脱線したり、前に進まなくなります。

私は研修中、多くの方がこの状態と全く似た現象が起きていることをもったいなく思います。たとえば素晴らしい判断力や組織を使うリーダーでも、たった一言の配慮がないがために、メンバーがついてこなかったり、素晴らしい分析力を持っているのに、見つける問題が表面的なものだったばかりに解決策も表面的になったり、本当にもったいないことです。

私の部下にも以前同じ指摘をしたことがあります。

しかし、彼は表面的には私の言葉を受け止めたようですが、心では「放っておいてくれ、これが自分のスタイルだ」と言っているようでした。その姿勢が彼の唯一直すべきところだったのです。指摘は自分が受け入れて初めて気づきになります。

だからこそ、インバスケットで自分自身の足りないところを、自分で見つけ、そして修正する必要を持たせるべきなのです。

修正という言葉を使いましたが、すべてを変える必要は全くありません。ほんの一部付け足したり、省いたりするだけでいいのです。

たったそれだけで劇的に仕事の成果が変わります。

たとえば、何か部下に指示を出すときに、ほんの一言ねぎらいの言葉を付け足す。

仕事に入る前に、どんな仕事があるのかを朝の5分で整理する。

本当に簡単なプロセスを加えるだけでいいのです。

それだけで必ず結果は変わりますし、何しろあなた自身が楽になるのです。

3-3 良い判断ができる人は報酬が上がる

やりがいとラクさ

稲葉課長が最後に電車の中でつぶやいていたこと。その中に、

「やりがいがあって楽で収入の良い仕事なんか本当にあるのか」

とあります。

この問いをぜひ、あなた自身にしていただきたいのです。

その際に妥協せずに、また今を正当化せずに考えていただきたいのです。

今の仕事はやりがいがあって、楽で、収入の良い仕事でしょうか。

違うと答えられたのであれば、それは職場を変えられても同じ答えになると思います。

なぜなら、やりがいや楽であること、そして収入を決める要素の多くは周りの環境ではなく、自分自身に要因があるからです。

まず、やりがいですが、これが「ミッション」です。つまり、その仕事をやる本当の意味が見出せないとやりがいは生まれません。仕事をすることが目的になっていると作業をしていることになり、やりがいはありません。だからこそ、仕事をする目的、特に上位目標と言われる最終目標を見つけてほしいのです。これが戦略的な思考です。

次にラクに仕事をする。

これも、問題解決力です。私は究極の問題解決は自分の仕事を楽にすることだと思っています。ただ、勘違いしないでほしいのは、本来するべき仕事をしなかったり、他人に仕事を丸投げすることで楽をするのはダメです。リーダーの仕事の多くは問題解決です。

だから、問題の発生する本質的な問題を見つけて解決すれば、表面的な問題も少なくなりあなた自身の仕事も減ります。仕事が減ればたとえば計画やアイデアなど、未来を作る仕事ができて楽でかつ楽しい仕事になるのです。

最後に収入です。

収入を上げる方法は二つあります。「時間当たりの賃金を高くする」か、「より多く働く」かです。私は前者が本当に収入を上げる方法だと考えています。

では、どうすれば時間当たりの収入を上げることができるか。それは簡単です。

判断して行動することです。

もちろん、その判断も精度の高いものでなければなりません。リーダーの報酬はほとんどが「判断料」です。より難易度の高い判断をする仕事には必然的に良い報酬が支払われます。

逆に言うと、誰でもできる判断をする仕事にはあまり高い報酬は用意されていません。**良い判断ができる人はさらに報酬が上がる。これは当たり前の原理です。**

ですので、あなたの判断スタイルを見直して、めぐってきたチャンスに正しい判断を確実に行えば簡単に報酬は上がっていきます。

事実私も前職で、インバスケットでトレーニングした結果、どんな状況でも落ち着いて正しい判断が下せるようになりました。それから、職場も変わりましたし、報酬も数年で倍ほどに上がりました。

やりがいのある楽で報酬が高い仕事、それは今あなたがなさっている仕事なのです。

もしどれかが欠けているのであれば、あなたはインバスケットという鏡を使って、なにが原因なのか、本書をもう一度読み直して確認してみてください。

おわりに

本書の原稿を書き終わって、７階の自宅のベランダに出て外の空気を吸いました。

「きれいな星空ときれいな夜景」と書きたいところですが、まず入ってきたのは救急車のサイレンの音、右の高台の幹線道路では、スピード違反の取り締まりでパトライトのついた車の後ろにとまったライトバン、夜泣きでしょうか、向かいのマンションからは子供の泣き声。

寒い空にキラキラ光るきれいな星空とは全く無縁な、ザワザワした街の音が聞こえてきました。

視界に広がる街の明かりの数以上に、多くのことで悩んだり、悔やんだり、でも頑張って生活している方がいるのだな、と感じたときに、本書をお読みいただいたすべての方とは言わないものの、今頭上に広がるきれいな星空をゆっくり眺める、そんな状況になれる方が増えてくれればいいいな、そう思ってぶるぶる震えてきた肩をすくめながら、書斎に戻りました。

本書は従来のインバスケットと違って、案件を独立した形のミニインバスケットとして構成しました。一つひとつの案件をじっくりとどのような観点で解決するのか、楽しんでいただくダイジェスト版としても意識をしました。

当初は見開きの完全に独立した形での掲載を考えていたのですが、やはりインバスケットバカである私は、どうしても一つのストーリーとしてつなげたくて、半ば強引に結びつけたことも告白します。

ただ、単にケースを見て判断するのであれば、他の本でもよく似たものがあるので、そこは主人公になりきって処理していただくインバスケット風のアレンジを加えました。

その点で、本書は新しい種類のインバスケット本です。

本書が皆様にとってお役に立つことを心から祈って書かせていただきました。

ぜひ、どんな場面でお読みになり、どのような感想をお持ちなのかお教えいただければ至極の喜びです。

また併せて本書は、お選びいただいた選択肢を他の読者はどれくらい選ばれているか、をリアルにネットで見られる機能「あなたと同じ選択をしたのは何割？」と連動しております。

自分と同じ回答をした人の割合が多いことに安心するよりも、他の方と違う考え方を知って、ご自身の学習意欲に火をつけていただければと思います。

最後になりましたが、本書を編集いただいた朝日新聞出版書籍編集部、多くの関係者の皆様に深くお礼を申し上げます。

また本書をお読みいただいた皆様にも、本当に敬意と感謝を持ってお礼を申し上げます。

ありがとうございました。

鳥原隆志

鳥原隆志 とりはら・たかし
1972年大阪府生まれ。キャリアカウンセラー(CDA)。大手流通会社の昇進試験でインバスケットに出合い、株式会社インバスケット研究所を設立。これまでの作成問題枚数は、ゆうに腰の高さを超える。日本のインバスケット・コンサルタント第一人者として活動中。著書は『究極の判断力を身につけるインバスケット思考』(ビジネス書大賞2012書店賞受賞、WAVE出版)など累計50万部を超える。

朝日新書
395

一瞬で正しい判断ができる
インバスケット実践《じっせん》トレーニング

2013年3月30日第1刷発行
2023年6月20日第9刷発行

著者　鳥原隆志

発行者　宇都宮健太朗
カバーデザイン　アンスガー・フォルマー　田嶋佳子
印刷所　凸版印刷株式会社
発行所　朝日新聞出版
〒104-8011　東京都中央区築地5-3-2
電話　03-5541-8832(編集)
03-5540-7793(販売)

Published in Japan by Asahi Shimbun Publications Inc.
ISBN 978-4-02-273495-2
定価はカバーに表示してあります。

落丁・乱丁の場合は弊社業務部(電話03-5540-7800)へご連絡ください。
送料弊社負担にてお取り替えいたします。

東大の大罪

和田秀樹

東大は必要か？　いっそつぶしたほうが日本はよくなるのでは？　シロアリ官僚、御用学者、原子力ムラ、無力な地震予知、京大に完敗のノーベル賞。戦後の「新制」東大卒の首相は鳩山由紀夫氏だけ――。虚妄の最高学府を斬る渾身の憂国論。

穏やかな死に医療はいらない

萬田緑平

多くの人が望みながらかなえられない「ピンピンコロリ」。実は、無駄な延命医療をやめることで、人は眠るように穏やかに、人間らしく死ぬことができる。外科をやめて終末医療に生涯をかける医師が語る、穏やかに死ぬための生き方。

自衛隊メンタル教官が教える

心の疲れをとる技術

下園壮太

ムリを重ねてうつになる、イライラや不安などの感情のムダ遣い、やる気が長続きしないムラのある人……。このムリ・ムダ・ムラに共通するのは「心のエネルギー」の使い方が下手なこと。心身の上手な整え方を、自衛隊のメンタルヘルスの教官が実践的にアドバイス。

瞬時に人の心をつかむ――

人生を変えるプレゼン術

井上岳久

プレゼンは最初の「つかみ」が特に重要だが、実は行う前にほぼ勝負は決まっている。ターゲットの好みや趣向の事前調査を怠ってはならないし、電車やトイレでのイメージトレーニングも欠かせない。ＰＲの達人が教える最強のプレゼン術！